改　变

高岸起　著

科学出版社
北　京

内 容 简 介

改变是人的丰富壮丽的生命力之源，正因为如此，改变让人的生命值得体验。本书通过对改变是什么、改变为什么、改变办什么、改变史是什么、马克思主义经典作家改变观是什么的分析，历史和逻辑地展现了改变观发端、演变、成熟和发展的理论轨迹，客观公正而又简洁明晰地评价了改变观所建树的理论业绩。这对于人们理解改变观的实质是极为重要的。

本书适合需要了解改变概念的一般读者阅读。

图书在版编目（CIP）数据

改变 / 高岸起著. —北京：科学出版社，2022.12
ISBN 978-7-03-074082-3

Ⅰ. ①改… Ⅱ. ①高… Ⅲ. ①马克思主义哲学-研究 Ⅳ. ①B0-0

中国版本图书馆 CIP 数据核字（2022）第 233745 号

责任编辑：李春伶 / 责任校对：韩 杨
责任印制：张 伟 / 封面设计：黄华斌

科学出版社出版
北京东黄城根北街 16 号
邮政编码：100717
http:// www.sciencep.com
北京建宏印刷有限公司 印刷
科学出版社发行 各地新华书店经销
*
2022 年 12 月第 一 版 开本：850×1168 1/32
2024 年 1 月第二次印刷 印张：7
字数：151 000
定价：86.00 元
（如有印装质量问题，我社负责调换）

目　　录

导论　改变与指向

改变是人的激情的最大的源泉，是人的兴趣的最大的源泉，是人的智慧的最大的源泉，是人的美丽的最大的源泉。改变是人的丰富壮丽的生命力之源，正因为如此，改变让人的生命值得体验，不枉此生，难得今生。展望改变的未来前景，人们必须充分地认识现实改变在人们的认识和实践中所处的地位，以及改变将向什么方向发展。

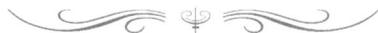

恩格斯（Friedrich Engels，1820—1895 年）在写于 1880 年 1—3 月上半月的《社会主义从空想到科学的发展》一书中说道："新的事实迫使人们对以往的全部历史作一番新的研究，结果发现：以往的全部历史，除原始状态外，都是阶级斗争的历史；这些互相斗争的社会阶级在任何时候都是生产关系和交换关系的产物，一句话，都是自己时代的经济关系的产物；因而每一时代的社会经济结构形成现实基础，每一个历史时期的由法的设施和政治设施以及宗教的、哲学的和其他的观念形式所

构成的全部上层建筑，归根到底都应由这个基础来说明。黑格尔把历史观从形而上学中解放了出来，使它成为辩证的，可是他的历史观本质上是唯心主义的。现在，唯心主义从它的最后的避难所即历史观中被驱逐出去了，一种唯物主义的历史观被提出来了，用人们的存在说明他们的意识，而不是像以往那样用人们的意识说明他们的存在这样一条道路已经找到了。”①

中国是一个社会主义国家。社会主义制度已经不可动摇、不可逆转地在中国的土地上扎下根来。中国共产党的方针政策就是要加快社会主义现代化建设。开放政策和经济改革，目的都在巩固和发展社会主义制度，以期在具备高度发展的社会生产力后，过渡到共产主义。社会主义在中国已非仅仅属于理想，而是成为活生生的现实。

人的改变是在人的生命的一个关键时刻进行的，人的改变是具有格外重要的意义的。可以说，人的改变帮助人打开了一个新的思想维度。人的改变主要是社会大环境使然。人的改变与人的认识和实践是有内在联系的。人的改变无法脱离现实。人如果能够改变，人就能进入一个全新的境界。人可以从改变中学到智慧，人与改变的互动是有益的。人的改变是以多种多样的方式发生着的。当人们沉思人的改变的时候，人们会发现人的改变不是偶然发生的事情。这是人的改变得以可能的根据。

---

① 《马克思恩格斯选集》第3卷，北京：人民出版社，2012年，第796页。

无论何处，无论何时，每当改变被提及的时候，所意指的立即就是而且只是人的改变。人是能够以适宜的方式进入改变之关联的。人在改变中是能够化不利为有利的。人的改变是能够对人起拯救作用的。人的改变是关乎人以及人的思想的。人的改变关系着人的本质。人能够在改变的范围中来确定人的改变的真理。人的本质是人的历史性的本质。人的改变是人的历史性的改变。人的改变的本质是人的历史性的改变的本质。为了获得对人的改变的经验，人所需要的是对人的改变进行历史性的回忆。

过去之改变是过去了的改变。现在之改变是现在了的改变。未来之改变是未来了的改变。倘若人进行改变的话，人的改变就始终是有意义的。人的改变是归属于人的改变的本质的。当人们说人改变的时候，人就由此被说成是改变着的了。人的改变正是在人的改变之中才显现为人的改变。人的改变的本质和人的改变的意义是同样本质性的。只要人处在人的改变的处境之中，人就始终根本地处在人的改变的本质之中。这样的话，人就要根本地问一下：人在其改变的历史中究竟是否已经被送到其改变的特有本质的决断领域中去了。人在改变之中是能够参与对人的改变的历史性本质的建基的。

人的改变乃是人的体验。人的改变乃是人的一种连续的体验之链。人要理解人的改变，就意味着人要理解人的改变的根据。人的改变是有未来性的。人的改变使人的未来得以可能。人的改变具有一种特殊的重要性。人的改变是依照必然性而生成的。人的改变是人的成就。人的改变的指向是有意义的。人的改变应通过人的改变的指向被带到沉思中来。当人进行改变时，人要沉思人的改变的指向。当人进行改变时，人对人的改变的指向是有真正的知晓的。在人的改变的开端中，人的改变的指向是作为人的改变而得到认识的。因此，当人进行改变时，人要关切人的改变的整体。

人的改变是出现在人的改变的当前显现状态中的。人的改变是生成的，而不是天生的。人的改变是有丰富的意义的。人的改变始终是确定的。人的改变对于人而言具有多重含义。人的改变乃是人的过渡。人的改变是有规定的领域的。人的改变是人的认识和实践的本质性的要求。人的改变是拥有历史性的根据的。人的改变是关乎人的当前显现的。人的改变与人是有内在关联的。当前改变者事实上是在当前改变中被规定为当前改变者的。当前改变者是通过当前改变状态而进入改变的。改变者的当前改变与改变化是有关联的。如此看来，改变化显然只是在改变中才获得其本质的。当前改变是通过改变化的最终确定性才在本质上是最终确定的。

人在改变中必然是改变化的。当前改变只是在改变中当前改变的。改变者事实上只是在改变之中才是其所是。人的改变是以人的改变的方式显现着的。对人的改变的方式的沉思，可以帮助人清晰地把握人的改变的意义，并因而可以帮助人清晰地把握人的改变的本质。人的改变的方式存在于人的每一次改变之中。人的每一次改变向来都是人的每一次当前改变。当人们说“是改变的时候了”，人们才真正地理解了改变。人的改变是人的开端。人是有开端的。人的改变是人的过渡。人是有过渡的。人的意义是由人的改变引导的。人的意义是从人的改变中得到规定的。人的改变为人的本质特性开辟了领域。人是要对人的改变的开端性进行说道的。知晓这一点，乃是人的改变的首要条件。人的改变只能在人的改变的活动中显现。因此，人始终是要沉思人的改变的限度和伟大的。

人的改变能够持续不断地在人身上发生影响。人的本质是生成于人的改变之中的。人应该在整体上理解人的改变。人的改变不是现成的，而是必须经过人的认识和实践才能获得的。对人而言，人的改变的问题变得越来越值得去追问了。人是要走改变的路的。改变是人的任务。人没有其他选择，只有不断地改变，仅此而已。当人的改变受到探问时，人的改变的指向性才形成。人的改变的探问创造了人的改变的指向性。倘若脱离了人的改变的指向性，就脱离了人的改变的本质性。人的改变的指向性是人的改变的本质性。人应该从人的改变的伟大的指向性来理解人的改变的本质性。

人的改变的指向性的力量是对人起决定性作用的。通过人的改变的指向性的力量，人们最终总会理解人的改变的本质。人的改变的时间将成为人的改变的空间。人的改变具有内在的必要性。因此，要从根基和源头来探问人的改变。当人踏上改变之路的时候，人必须知晓人的改变的发生。

第一编

改变是什么

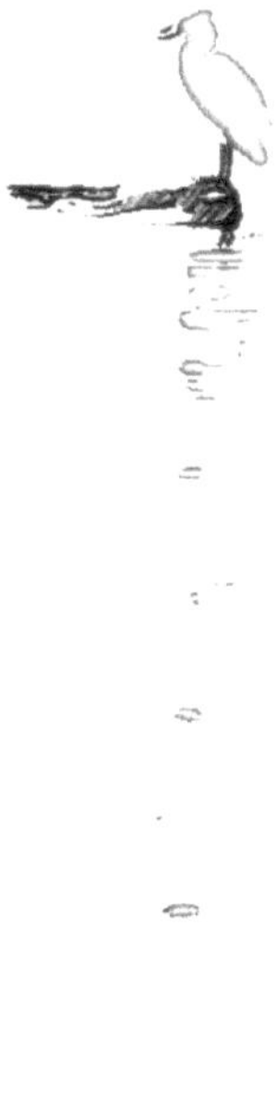

哲学家们只是用不同的方式解释世界，而问题在于改变世界。

——〔德〕马克思《关于费尔巴哈的提纲》

第一章　改变的内涵

第一节　改变的哲学含义

改变的内涵是非常丰富的。

关于改变，《现代汉语词典》第七版对“改变”条目的解释是：①“事物发生显著的差别”，如山区面貌大有改变；随着政治、经济关系的改变，人和人的关系也改变了。②“改换；更动”，如改变样式、改变口气、改变计划、改变战略。[①]

马克思（Karl Marx，1818—1883 年）在写于 1845 年春的《关于费尔巴哈的提纲》笔记中从哲学所担负的历史任务的角度，对新旧唯物主义的本质区别做了一个最后归结：“哲学家们只是用不同的方式解释世界，而问题在于改变世界。”[②]

---

① 中国社会科学院语言研究所词典编辑室编：《现代汉语词典》第七版，北京：商务印书馆，2016 年，第 416 页。

② 《马克思恩格斯选集》第 1 卷，北京：人民出版社，2012 年，第 140 页。

由于以往的哲学家不懂得实践在人类社会发展中的地位和作用，不懂得“社会生活在本质上是实践的”[①]，由于他们的阶级局限性，等等，决定了他们只能停留在思想领域，“用不同的方式解释世界”，而不可能提出将理论转变为革命实践的要求。这在费尔巴哈那里得到了明显的体现。马克思和恩格斯在写于1845年秋至1846年5月的《德意志意识形态》一书中指出：费尔巴哈“和其他的理论家一样，他只是希望确立对现存的事实的正确理解，然而一个真正的共产主义者的任务却在于推翻这种现存的东西”[②]。

与旧的、直观的唯物主义相反，马克思创立的新唯物主义是一种具有实践性的唯物主义，它服从和服务于无产阶级改造现实的斗争。因此，马克思和恩格斯在《德意志意识形态》一书中指出：“对实践的唯物主义者即共产主义者来说，全部问题都在于使现存世界革命化，实际地反对并改变现存的事物。”[③]正如毛泽东（1893—1976年）在写于1937年7月的《实践论》一文中所说的：“马克思主义的哲学认为十分重要的问题，不在于懂得了客观世界的规律性，因而能够解释世界，而在于拿了这种对于客观规律性的认识去能动地改造世界。”[④]

---

① 《马克思恩格斯选集》第1卷，北京：人民出版社，2012年，第139页。

② 《马克思恩格斯选集》第1卷，北京：人民出版社，2012年，第177页。《德意志意识形态》一书全名为《德意志意识形态。对费尔巴哈、布·鲍威尔和施蒂纳所代表的现代德国哲学以及各式各样先知所代表的德国社会主义的批判》。

③ 《马克思恩格斯选集》第1卷，北京：人民出版社，2012年，第155页。

④ 《毛泽东选集》第1卷，北京：人民出版社，1991年，第292页。

恩格斯在写于1873—1882年的《自然辩证法》一书中指出："除了永恒变化着的、永恒运动着的物质及其运动和变化的规律以外，再没有什么永恒的东西了。"①

改变，最初只是一个概念。改变，有一个发展过程，时代不同，改变的含义也就不同。改变是具有哲学的含义的。真正伟大的人，总要思考改变，总要思考人生的改变，不仅关心人类的改变，也关心宇宙的改变。

第二节　改变的主体与客体

人是一种改变的存在。在改变活动中，人把自身之外的一切存在，都变成了自己改变活动的对象，变成了自己的改变的客体，与此同时，也就使自己成为改变的主体性的存在。改变是多种要素、多种环节相互作用的复杂系统。改变系统包含多种要素，其中改变的主体和改变的客体是两个最基本的要素，也可以看作两个相互规定和制约的子系统，这两个子系统又各有其复杂的内部结构，并自成系统。

一、改变的主体

改变的主体是改变系统中最具有自主性和能动性的因素，

① 《马克思恩格斯全集》第26卷，北京：人民出版社，2014年，第483页。

是指具有改变的需要和改变的能力的人，担负着提出改变目的、操纵改变工具、改造改变的客体、驾驭和控制改变系统、完成改变活动的多种功能。

改变的主体首先具有能力结构。在改变的主体的能力结构中，存在以下三种基本要素。

第一，“人本身的自然力”[①]，是改变的主体能力结构中的物质基础。人本身的自然力是改变的主体的自然机体中潜在的特殊能力。它是人的体力和智力的统一。人本身具有与自然物相适应的自然力，因而可以与其进行直接的物质交换，能以一种现实的、感性的力量，同自己的对象发生相互作用。当然，人作为改变的主体的物质性，不同于一般自然物的物质性。人的物质力量是精神支配下的物质力量，因而人不仅能积极地适应自然界，还可以能动地改造自然界，创造出自然界本身不可能自动生成的客观对象。

对“人本身的自然力”，应该辩证地看待。人们错误地使用自身的自然力，毁林毁草，开荒种粮，破坏了生态平衡，破坏了农、林、牧之间的互相依存、互相促进的关系，而受到了自然界的惩罚。如美国中西部在20世纪30年代出现的黑风暴、苏联西伯利亚20世纪60年代发生的尘暴灾害等。人们正确地使用自身的自然力，植树造林，恢复生态平衡，保护生态环境，自然界就会造福人们。

① 《马克思恩格斯选集》第2卷，北京：人民出版社，2012年，第739页。

第二，进入主体改变活动领域，为改变的主体所实际掌握、运用的知识和经验，是改变的主体能力结构中的智力技能因素。在改变活动中，作为改变的主体能力的知识要素，主要是指为改变的主体所消化、吸收的知识和经验，它主要是作为改变的主体改造改变的客体的目的和方法而发生作用的。改变的主体只有掌握了关于改变对象、改变手段及改变的主体自身的有关知识，才能根据改变的主体的需要、改变的客体的本性及改变手段所提供的可能性，恰当地提出改变目的，并设计实现这一目的的具体途径、方法和步骤。改变的主体对有关改变活动的知识掌握得越深刻和越全面，其从事改变活动的自觉性也就越高。

改变过程中出现的许多问题，都是改变的主体自己造成的。世界上许多国家，在不同程度上都出现了水土流失、资源损失、环境污染、气候失调等问题，几乎都与改变的主体的知识和经验有关。改变的主体不能科学地对待人口问题，导致人口增长过快。为了增加粮食，人们就不惜毁林开荒，毁草开荒。而滥伐树木和破坏草原的结果，必然会引起水土流失、沙漠扩大，以致气候失调。为了发展工矿生产，必然会带来废气、废水和废渣。如果人们对废气、废水和废渣，不能科学地加以处理，就会造成环境的严重污染。这样就不可避免地要破坏生态环境，引发生态平衡失调。人们越不能科学地对待人口问题，生态环境的破坏就越严重；同时，遭到严重破坏的生态环境，又反过来对人们的生存和发展产生严重的影响。

第三，改变的主体的情感和意志，是改变的主体能力结构中的精神动力因素，它对主体改变活动的发动与停止，对主体改变能力的发挥，起着重要的控制和调节作用。改变的主体是知、情、意相统一的整体。改变的主体能力的发挥，不仅取决于知识的主导作用，而且总是伴随着改变的主体对改变的客体的情感体验和意志努力。马克思在写于 1844 年 4—8 月的《1844 年经济学哲学手稿》中指出："人作为对象性的、感性的存在物，是一个受动的存在物；因为它感到自己是受动的，所以是一个有激情的存在物。激情、热情是人强烈追求自己的对象的本质力量。"①

改变的主体不仅以个人主体的方式存在和活动，还以集团主体、社会主体以至人类主体的形式而存在，并在不同的组织范围中，以不同的活动方式发挥着自己的作用。

列宁在写于 1894 年底至 1895 年初的《民粹主义的经济内容及其在司徒卢威先生的书中受到的批评》中指出："个人的社会活动，即社会事实。"②个人有其相对独立的改变范围和形式，在这个意义上，个人成为独立的主体，即个人主体。集团主体是指以一定的集体、团体、群体形式进行改变活动时所形成的主体。社会主体是指一定地域的人所组成的社会整体。在阶级对抗的时代，尽管社会中存在着利益不同的阶级，但只要这个社会内部对抗还没有发展到外部冲突，它就

---

① 《马克思恩格斯文集》第 1 卷，北京：人民出版社，2009 年，第 211 页。

② 《列宁全集》第 1 卷，北京：人民出版社，2013 年，第 367 页。

要在一定的意义和程度上，使自己以整体形式从事某些改变活动。人类主体是指发展着的人类整体。迄今为止，自觉的人类主体还没有完全形成，这一方面有自然的原因（如地理的原因使不同民族之间产生了一定的隔离），另一方面也是更重要的还有社会的原因。在国际上还存在阶级对立的条件下，人类只能在某些有限的方面，在一定的条件下，共同以人类主体的身份，从事改造世界的改变活动。只有将来消灭了阶级，自由自觉的人类主体才能真正形成。

在改变活动中，具体的改变的主体不但同一定的改变的客体发生着改造与被改造的关系，而且不同的改变的主体之间，必须结成一定的社会关系，它们之间也相互依存、相互影响和相互作用。具体的改变的主体，一方面受到整个人类社会历史和其他改变的主体的制约和影响，另一方面又以其能动的活动，在不同的方面和程度上影响社会历史。因此，在改变活动中，不但改变的主体和改变的客体之间发生着相互作用，而且在改变的主体内部也发生着不同改变的主体之间的社会交往和社会互动过程。

二、改变的客体

改变的客体是改变的主体活动的对象，是进入改变的主体对象性活动的领域，同改变的主体的改变活动发生功能性联系，成为改变的主体的改变活动所现实指向的客观事物。

改变的客体具有客观性。改变的客体是一种不以改变的主体的主观意志为转移的客观存在，这是改变的客体自身的客观性。不但客观事物在成为改变的客体之前，就具有客观性特征，而且进入改变的主体和改变的客体的关系结构以后，这种客观性特征也仍然保持着。

改变的客体还具有对象性。改变的客体不是与客观事物相等同的概念，客观事物只有在改变的主体的对象性活动中，作为改变的主体活动所指向并与改变的主体相对立的东西时，才成为改变的客体。哪些客观事物能够成为改变的客体，不仅取决于这些客观事物的自在本性，同时也取决于人的本质力量的发展程度和水平。换句话说，哪些客观事物能够成为改变的客体，既取决于客观事物具有哪些可被人类利用的性质，又取决于改变水平能否利用客观事物的这些性质。

马克思在《1844年经济学哲学手稿》中指出："工业的历史和工业的已经生成的对象性的存在，是一本打开了的关于人的本质力量的书。"[①]改变的客体的存在和发展，不仅表示改变的客体本身发生了特定的变化，而且这种变化本身，就是改变的主体本质力量的确证。也就是说，通过改变的客体的变化发展，可以透视改变的主体能力及需要的变化发展。改变的客体不断扩大的过程，同时也就是改变以及人的本质力量的发展过程。

改变的客体还具有社会历史性。改变的客体是由人的改变

---

① 《马克思恩格斯文集》第1卷，北京：人民出版社，2009年，第192页。

活动历史地规定着的。也就是说，客观事物不是一下子和从一切方面整个地成为人的改变的客体的。不但就整个自然界来说，客观事物被纳入改变的主体的对象性活动中，要有一个过程，而且，即使是已经进入改变的主体和改变的客体关系结构的客观事物，人们也只有通过改变的不断发展，才能不断地发现客观事物的新的属性和结构，从而以新的方式改造和利用它们，用以满足人的不断发展的需要。

改变的客体与改变的主体的需要结构和能力水平，处于相互对应和相互关联的对象性关系之中。改变的客体可以分成自然形式的改变的客体、社会形式的改变的客体和精神形式的改变的客体三种基本类型。

自然形式的改变的客体是改变的客体的最基本的形式。在人类最初的、最基本的改变中，改变的客体是自然。这种改变的客体既包括刚刚同人的对象性活动发生关系的自然物，也包括人们用某种方式改造或制造出来的人造自然物。人造自然物既是改变的主体改变活动的结果，同时又是改变的主体进一步改造的对象。

社会形式的改变的客体首先指已经对象化了的现实的社会结构，如经济制度、政治制度等；其次包括体现在物上的社会关系。从事改变活动的人，必须同时把在自己的改变活动中形成的人与人的社会关系，作为认识和改造的对象，这时社会关系就成了社会形式的改变的客体。

精神形式的改变的客体是指人类精神生产的结果以物的形

式存在，并成为人们改变活动的对象，如以书籍为物质载体的各种理论、学说等。精神形式的改变的客体都有自己“物化”的形式，但人们所注重的不是它们的物质形式，而是这些物质形式所体现或携带的精神内容。精神形式的改变的客体是人类在自己的改变活动中创造出来的，它们同时也是人们继续进行改变的对象。

马克思在《1844 年经济学哲学手稿》中指出：“当物按人的方式同人发生关系时，我才能在实践上按人的方式同物发生关系。”[①]只有进入人的改变活动的领域，与改变的主体发生相互作用的、成为改变活动的现实对象的那部分外部世界，才是现实的改变的客体；人只有在同这种现实的改变的客体的相互作用中，才能实现其改变的主体的地位。未进入改变活动的外部事物，对改变没有现实的意义，因此，它还不是现实的改变的客体。

三、改变的主体和客体的相互作用

改变的主体和改变的客体是改变活动的两极。仅仅有改变的主体和改变的客体，还不能形成现实的改变活动。要形成现实的改变活动，需要改变的中介。改变的中介主要是指改变的工具与手段，也包括运用和操作这些工具的程序和方法，是改变的主体利用、改造和掌握改变的客体的借用力量，也是改变

① 《马克思恩格斯文集》第 1 卷，北京：人民出版社，2009 年，第 190 页。

的主体和改变的客体之间相互作用的条件和桥梁。

与人的内在能力结构相适应，改变的中介可以分为两大类：一类是作为人的肢体延长、体能放大的工具系统。从手工工具、畜力使用，到近代以至现代的机器系统和动力能源系统，都属于这类改变的中介。这类改变的中介的共同特点是强化了人的某一方面的体力，放大了人实际作用于改变的客体的某一方面的功能，从而作为改变的主体和改变的客体之间相互作用的中介和导体而发挥作用。另一类是作为人的感官与大脑的延伸、智力放大的工具系统。从传统的望远镜、显微镜到现代各种自动探测器、遥感装置，从机械计算器到电子计算机系统等，都属于这类改变的中介。它们是人的感官和大脑的放大。它们的制造和使用，突破了人的感官和大脑的自然界限，极大地提高了改变的主体接收、处理和加工信息的能力。改变的中介的发展和运用，从一个侧面记载和标示着一定时代的改变方式和改变水平。

改变的主体、改变的客体、改变的中介在改变活动中的地位，不是并列和等价的。改变的主体在其中起着主导的和积极的作用。改变活动在改变的主体的有目的活动的驱动下，通过目的、手段和结果的反馈调控，成为一个自组织、自调节、自控制、自发展的动态有机系统，执行着满足人的生存和发展的各种需要的基本功能。在改变活动中，改变的客体是制约性因素，改变的中介则是把改变的主体与改变的客体连接起来，使二者之间的相互作用得以实现的条件和桥梁。

改变的主体与改变的客体的相互制约以及改变的客体对生成和发展的改变的主体的驱动，决定了改变的主体与改变的客体的关系，既不是改变的主体单向地把握和规范改变的客体，也不是改变的客体单向地影响和制约改变的主体，而是改变的主体与改变的客体的相互作用。

改变的主体和改变的客体的相互作用，能够使人类走向文明，也能够使人类走向尽头。从改变的主体和改变的客体的相互作用的特点和实质看，这种相互作用，既不同于一般物质实体之间的相互作用，也不同于一般的精神和物质之间的相互作用，而是把这两种相互作用都包含于自身。具体地说，改变的主体和改变的客体的相互作用，具有物质性的特点，但又不能把这种相互作用的本质，归结为一般的物质性，除人以外一切物与物之间的相互作用，都是无意识的、盲目的，都不可能以改变的主体和改变的客体的相互作用的形式出现。而在改变的主体与改变的客体的相互作用中，出现了一般物质相互作用所没有的崭新的关系，这就是目的与手段、创造者与被创造者、能动者与受动者之间的关系。

在改变中，要正确地改造事物，必须从事物自身的性质和规律出发。改造对象的实质是变革其性质和形式，而这种变革除要根据改变的主体的需要和能力进行外，还应根据改变的客体自身的性质和规律来进行。在改变活动中，改变的主体作用于改变的客体，改变的客体也作用于改变的主体。改变的主体与改变的客体二者是相互作用的。这样，改变的主体在改变的主体与改变的客体的相互作用中的主导地位和中心地位就被确定下来。在特定的条件下，人们进行这样而非那样的改变活动，不同的人在改变活动中，受到改变的客体条件制约程度的差异，不同的改变的主体在改变活动中的效果不一样，甚至截然相反，其原因只能从改变的主体与改变的客体的相互作用方面来寻找。

在改变过程中，改变的主体一方面受到改变的客体的限定和制约；另一方面，又能不断地发展自己的能力和需求，以自觉能动的活动不断打破改变的客体的限定，超越现实的改变的客体。改变的主体和改变的客体之间的这种限定和超越或限定中的超越关系，就是改变的主体和改变的客体相互作用的实质。

改变的客体条件究竟对人的改变活动，是起消极的制约作用，还是起积极的制约作用，不取决于它本身，而取决于改变的主体的能力。同样的条件，对不同能力的改变的主体的改变活动所起的作用是不同的。一定的条件对某些改变的主体来说，是其能动作用发挥的障碍，而对另一些改变的主体来说，则可能是可资利用的因素，是其能动作用借以发挥的基础和手段。

在人的改变活动中，改变的主体的能力的实现，是通过对改变的客体的把握和规范实现的，因而是对改变的客体的超越。同时，这种超越又要受到改变的客体的制约。制约和超越在改变的主体与改变的客体的相互作用中，是一对始终存在的矛盾。

改变的主体和改变的客体的相互作用，能够为人类营造绿荫，使人类享受温馨；也能够使人类的资源不被珍惜，使人类的环境得不到保护。从改变的主体和改变的客体的相互作用的内容和结果看，这种相互作用是通过改变的主体对象化和改变的客体非对象化的双向运动而实现的。改变的主体对象化是指人通过改变将自己的本质力量转化为对象物。马克思在《1857—1858 年经济学手稿》中指出："在生产中，人客体化，在消费中，物主体化。"[①]生产活动是劳动者运用自身的力量并运用工具改造天然物的过程，在这一过程中，对象按照改变的主体的要求和需要发生了结构和形式上的变化，产生了自然界原来所没有的种种对象物。这种对象物是在人与外在世界的相互作用中创造出来的，是人的体力和智力的物化体现，也就是改变的主体的本质力量通过改变活动转化为静止的物质的存在形式，即积淀、凝聚和物化在改变的客体。因此，改变的主体的对象化也就是改变的主体通过对象性活动向改变的客体的渗透和转化，即改变的主体改变的客体化。实际上，不仅生产如此，人类一切改变活动的结果都是对象化的结果。

在改变的主体对象化的同时，还发生着改变的客体非对象化的运动。改变的客体非对象化是指改变的客体从客观对象的存在形式转化为改变的主体生命结构的因素或改变的主体本质力量的因素，改变的客体失去对象化的形式，变成改变的主体

① 《马克思恩格斯文集》第 8 卷，北京：人民出版社，2009 年，第 13 页。

的一部分。在生产活动中，改变的主体一方面通过物质和能量的输出，改变着改变的客体；另一方面，改变的主体也需要把一部分对象作为直接的生活资料加以消费，或者把物质工具作为自己身体器官的延长，包括在改变的主体的生命活动之中。这些都是改变的客体向改变的主体的渗透和转化，即改变的客体改变的主体化。实际上，人通过改造对象的活动消化精神产品，使之转化为改变的主体意识的一部分，也是改变的客体非对象化，即改变的客体改变的主体化的表现。

改变的主体对象化，或者说改变的主体改变的客体化造成人的改变活动成果的体外积累，形成了人类积累、交换、传递、继承和发展自己本质力量的特殊方式——社会遗传方式，从而使人类的物质文化与精神文化，不会因个体的消失而消失。而人通过改变的客体非对象化这种形式，占有、吸收对象（包括前人的改变活动成果），不断丰富人的本质力量，从而提高改变的主体能力，使改变的主体能以新的、更高的水平，去改造改变的客体。这样，人类在世代延续的改变活动中，才避免了每一代人在同一改变起点上从事重复的改变活动，而使后代人在继承前人的基础上，获得比前人更高的改变起点，从而使人类的改变既具有社会性，又具有历史性。因而，改变的主体和改变的客体的相互作用，总是连续不断地在新的基础上发展下去。

改变的主体对象化和改变的客体非对象化，或者说，改变的主体改变的客体化和改变的客体改变的主体化的双向运动，是人类改变活动两个不可分割的方面。改变的主体在改变活动中，运用物质力量作用于物质改变的客体，改造改变的客体，使改变的主体本质力量对象化；同时，改变的客体属性、规律也作用于改变的主体，内化为改变的主体机体和改变的主体本质力量，使改变的主体得到改造、充实和发展。前者是改变的主体改变的客体化，后者是改变的客体改变的主体化，二者互为前提条件，互为媒介，统一于具体的改变活动中。在改变活动中，没有改变的主体改变的客体化，就没有改变的客体改变的主体化；没有改变的客体改变的主体化，也不可能有改变的主体改变的客体化。改变的主体的改变的客体化过程，同时进行着改变的客体改变的主体化过程。改变的主体改变的客体化的程度，制约着改变的客体改变的主体化的程度；反之亦然。但改变的主体改变的客体化与改变的客体改变的主体化并非都是同步的。改变的主体改变的客体化，改变的主体本质力量对象化，是生产人化自然，是将自然物加工改造成为劳动的对象化的过程。对于天然改变的客体来说，它们不是人化自然，不是改变的主体本质力量对象化；改变的主体与天然改变的客体相互作用，使之内化为改变的主体机体和能力，却是改变的客体改变的主体化过程。在这里，只有改变的客体改变的主体化，而没有改变的主体改变的客体化（并非没有改变的主体对改变的客体的作用）。人们通过改变的主体改变的客体化和改变的客体改变的主体化，不断地解决着现实世界的矛盾。改变的客体改变的主体化和改变的主体改变的客体化是改变的客体对改变的主体的制约性和改变的主体对改变的客体的超越性的生动表现，也是人类改变活动的本质内容。

在人的改变活动中，改变的客体条件对改变的主体的制约性的意义，是由改变的主体能力来确定的。人的改变活动能否成功，并不在于能否摆脱改变的客体规定性的制约，而在于是否有能力利用改变的客体规定性的制约，能否超越它。因此，要在改变中取得成功，关键在于锻炼、提高和充分发挥改变的主体的能力。

第二章　改变的特征

改变是有其特征的。改变是有其属于自己的规定的。所以，改变都具有本质特征，都具有本质规定。改变都具有普遍本质。改变是由改变的特征所决定的。

第一节　改变具有社会性

改变具有社会性。马克思说：英国在19世纪初由极卑鄙的利益所驱使把资本主义生产力引进印度，尽管给整个印度民族带来流血与污秽、穷困与屈辱，但是从人类解放的历史使命来说，英国在印度造成的社会革命“毕竟是充当了历史的不自觉的工具”[①]。马克思在写于1853年6月7—10日的《不列颠在印度的统治》一文中说道：“的确，英国在印度斯坦造成社会革

① 《马克思恩格斯选集》第1卷，北京：人民出版社，2012年，第854页。

命完全是受极卑鄙的利益所驱使，而且谋取这些利益的方式也很愚蠢。但是问题不在这里。问题在于，如果亚洲的社会状态没有一个根本的革命，人类能不能实现自己的使命？如果不能，那么，英国不管犯下多少罪行，它造成这个革命毕竟是充当了历史的不自觉的工具。”①

同时，马克思又说：英国把机器运用到印度，“就无法阻止这个国家自己去制造这些机器”，即无法阻止这个国家近代民族工业的发生。马克思在写于1853年7月22日的《不列颠在印度统治的未来结果》一文中说道：“我知道，英国的工业巨头们之所以愿意在印度修筑铁路，完全是为了要降低他们的工厂所需要的棉花和其他原料的价格。但是，你一旦把机器应用于一个有铁有煤的国家的交通运输，你就无法阻止这个国家自己去制造这些机器了。如果你想要在一个幅员广大的国家里维持一个铁路网，那你就不能不把铁路交通日常急需的各种必要的生产过程都建立起来，而这样一来，也必然要在那些与铁路没有直接关系的工业部门应用机器。所以，铁路系统在印度将真正成为现代工业的先驱。何况，正如英国当局自己所承认的，印度人特别有本领适应完全新的劳动并取得管理机器所必需的知识。在加尔各答造币厂操纵蒸汽机多年的本地技师们表现出来的本领和技巧，在布德万煤区看管各种蒸汽机的本地人的情况以及其他许多实例，都充分证明了这个事实。”②

---

① 《马克思恩格斯选集》第1卷，北京：人民出版社，2012年，第854页。
② 《马克思恩格斯选集》第1卷，北京：人民出版社，2012年，第860页。

但是，马克思又明确指出：不列颠资产阶级在印度播下的新的社会因素，“既不会使人民群众得到解放，也不会根本改善他们的社会状况，因为这两者不仅仅决定于生产力的发展，而且还决定于生产力是否归人民所有”[①]。马克思还说道：“英国资产阶级将被迫在印度实行的一切，既不会使人民群众得到解放，也不会根本改善他们的社会状况，因为这两者不仅仅决定于生产力的发展，而且还决定于生产力是否归人民所有。但是，有一点他们是一定能够做到的，这就是为这两者创造物质前提。”[②]

现代社会以来，资本的运作和科学技术的发展，以神奇的力量，给世界带来了翻天覆地的改变，同时，这些前所未有的改变，又是以对自然生态的破坏和道德的沦丧为代价的。

1856 年 4 月 14 日，马克思在《人民报》创刊纪念会上的演说中曾经指出：“在我们这个时代，每一种事物好像都包含有自己的反面。我们看到，机器具有减少人类劳动和使劳动更有成效的神奇力量，然而却引起了饥饿和过度的疲劳。财富的新源泉，由于某种奇怪的、不可思议的魔力而变成贫困的源泉。技术的胜利，似乎是以道德的败坏为代价换来的。随着人类愈益控制自然，个人却似乎愈益成为别人的奴隶或自身的卑劣行为的奴隶。甚至科学的纯洁光辉仿佛也只能在愚昧无知的黑暗

① 《马克思恩格斯选集》第 1 卷，北京：人民出版社，2012 年，第 861 页。
② 《马克思恩格斯选集》第 1 卷，北京：人民出版社，2012 年，第 861 页。

背景上闪耀。我们的一切发明和进步，似乎结果是使物质力量成为有智慧的生命，而人的生命则化为愚钝的物质力量。现代工业和科学为一方与现代贫困和衰颓为另一方的这种对抗，我们时代的生产力与社会关系之间的这种对抗，是显而易见的、不可避免的和毋庸争辩的事实。有些党派可能为此痛哭流涕；另一些党派可能为了要摆脱现代冲突而希望抛开现代技术；还有一些党派可能以为工业上如此巨大的进步要以政治上同样巨大的倒退来补充。可是我们不会认错那个经常在这一切矛盾中出现的狡狯的精灵。我们知道，要使社会的新生力量很好地发挥作用，就只能由新生的人来掌握它们，而这些新生的人就是工人。工人也同机器本身一样，是现代的产物。在那些使资产阶级、贵族和可怜的倒退预言家惊慌失措的现象当中，我们认出了我们的勇敢的朋友好人儿罗宾，这个会迅速刨土的老田鼠、光荣的工兵——革命。英国工人是现代工业的头一个产儿。他们在支援这种工业所引起的社会革命方面肯定是不会落在最后的，这种革命意味着他们的本阶级在全世界的解放，这种革命同资本的统治和雇佣奴隶制具有同样的普遍性质。我知道英国工人阶级从上世纪中叶以来进行了多么英勇的斗争，这些斗争只是因为资产阶级历史学家把它们掩盖起来和隐瞒不说才不为世人所熟悉。为了报复统治阶级的罪行，在中世纪的德国曾有过一种叫做‘菲默法庭’的秘密法庭。如果某一所房子画上了一个红十字，大家就知道，这所房子的主人受到了‘菲默法庭’的判决。现在，欧洲所有的房子都画上了神秘的红十字。历史本身就是审判官，而无产阶级就是执刑者。”[①]

马克思简明扼要地阐述了唯物史观和无产阶级革命理论，指出了社会生产力的发展和科学技术的进步蕴含巨大的革命力量，而在资本主义时代，这种发展和进步却使工人阶级和劳动群众陷入贫穷困苦的境地，使整个社会显露出衰颓的征兆；在资本主义社会，生产力与生产关系之间的对抗是不可避免的、毋庸争辩的事实，它必然引起无产阶级革命，这种革命意味着无产阶级在全世界的解放；无产阶级是新生产力的代表，肩负着彻底改造旧世界的历史使命。马克思以铿锵有力的语言宣告：“历史本身就是审判官，而无产阶级就是执刑者。”

伴随着现代化历史过程中出现的日甚一日的自然生态、人的生态和文化生态的恶化和危机，无论是“自然中心论者”，还是“人类中心论者”，尽管见解不尽相同，但都这样或那样地关注人与自然的生态关系。

第二节　改变具有能动性

改变具有能动性。改变依靠实践。正如马克思所指出的：“思想本身根本不能实现什么东西。思想要得到实现，就要有使用实践力量的人。”[②]思想本身根本不能实现什么东西。思想要

① 《马克思恩格斯选集》第1卷，北京：人民出版社，2012年，第776—777页。

② 《马克思恩格斯文集》第1卷，北京：人民出版社，2009年，第320页。

得到实现，必须依靠掌握实践理性和能使用实践力量的人。

马克思和恩格斯在《德意志意识形态》中认为：“‘施蒂纳’在此认为，那些使社会革命化并把生产关系和交往形式置于新的基础之上，即置于作为新人的他们自己、他们的新的生活方式之上的共产主义无产者，依然是‘旧人’。这些无产者的不懈的宣传，他们每天彼此之间进行的讨论，都充分地证明：他们本身是多么不愿再做‘旧人’以及他们是多么不愿人们再做‘旧人’。只有当他们和桑乔一起‘在自身中寻找过错’的时候，他们才会依然是‘旧人’；但他们非常清楚地知道：只有改变了环境，他们才会不再是‘旧人’，因此他们一有机会就坚决地去改变这种环境。在革命活动中，在改造环境的同时也改变着自己。上述伟大箴言是通过同样伟大的例子来说明的，当然，这个例子又是从‘圣物’的世界中取来的。”①

马克思主义的实践理性概念和意志主义、存在主义所理解的实践理性的根本区别在于不是脱离事物的客观规律性来单纯孤立地强调主体的主观能动性，而是在尊重对象世界的客观规律性的基础上更加有效地最大限度地发挥主体的主观能动性。对人所创造的对象世界来说，实践拥有至高无上的权威，实际上扮演着造物主的角色。人所改变和创造的一切实际上都是通过各种方式呈现出来的新的实践理性的物化形态。这种被物化了的新的实践理性既蕴涵新的认知理性、社会历史理性和人文

① 《马克思恩格斯全集》第3卷，北京：人民出版社，1960年，第234页。

理性，同时又往往是人文价值、社会历史价值和审美价值的感性实现。从这个意义上说，新的实践理性是一个带有改变意义的观念范畴。

马克思主义者所理解的“新人”实际上是指能够掌握和实施新的实践理性的新人，即能够自觉地从事变革现实的伟大的社会实践的新人。马克思主义者所理解的“新人”，无产阶级革命时期被称为叱咤风云的革命的无产者，社会主义建设时期被称为改革者、创业者。马克思把这种新人形象地誉为使用实践力量的人，即能够比较自觉地掌握和实施新的实践理性的人。马克思和恩格斯曾把能否通过掌握和实施实践理性去改变旧环境和推动社会进步，视为区分新人和旧人的重要标志。不愿改变和安于旧环境，无论声称自己多么不愿再做旧人以及他们是多么不愿人们再做旧人，这种人依然是旧人；只有改变了环境，并在改造环境的同时也改变自己的人才会不再是旧人，才配称能够凭借使用实践力量改变旧环境的新人。

第三节　改变具有历史性

改变具有历史性。人们应该把一切改变放到一定的历史范围内、历史条件下、历史结构里和历史过程中加以分析，而不要把人们的改变要求引向远离实践的、无法实现的、抽象迷茫的、虚假的幻想和梦境之中。马克思主义把具体的历史的和现实的人的解放理解为一种改变社会现实，同时在改变社会现实的创造性活动中改变自身和完善自身的社会实践活动。

马克思和恩格斯在《德意志意识形态》中认为：“只有在现实的世界中并使用现实的手段才能实现真正的解放；没有蒸汽机和珍妮走锭精纺机就不能消灭奴隶制；没有改良的农业就不能消灭农奴制；当人们还不能使自己的吃喝住穿在质和量方面得到充分保证的时候，人们就根本不能获得解放。‘解放’是一种历史活动，不是思想活动，‘解放’是由历史的关系，是由工业状况、商业状况、农业状况、交往状况促成的。”[①]

马克思和恩格斯在《神圣家族》中指出：“世俗社会主义的首要原理把单纯理论领域内的解放作为一种幻想加以摒弃，为了现实的自由，它除了要求有理想主义的‘意志’以外，还要求有很具体的、很物质的条件。”[②]

马克思和恩格斯在《德意志意识形态》中指出：“对实践的唯物主义者即共产主义者来说，全部问题都在于使现存世界革命化，实际地反对并改变现存的事物。”[③]

人们应该努力把改变引入真实的现实生活，即引入实践，而不能把改变引向不切实际的虚假的情感世界。尽管人们为了改变不能没有幻想，但幻想并不能解决改变中的实际问题，并不意味着会使社会和人们的实际面貌发生什么实质性的改变，而只有靠富于创造性的实践变革现实，才能真正推动历史的发

---

① 《马克思恩格斯选集》第 1 卷，北京：人民出版社，2012 年，第 154 页。
② 《马克思恩格斯文集》第 1 卷，北京：人民出版社，2009 年，第 297 页。
③ 《马克思恩格斯选集》第 1 卷，北京：人民出版社，2012 年，第 155 页。

展和促进人的生态的改善。人们不应当在幻想中求改变。实践不仅是检验改变的唯一标准，同时更是催生改变的唯一源泉。实践出新改变。

只有通过社会实践，改变社会环境，推动社会进步，促进历史转折，才能使人获得相应的自由、幸福和解放，逐步实现自身的全面自由发展。因此，人们应当高举实践的旗帜。只有实践才拥有至高无上的权威。人所改变和创造的一切东西，实际上都是通过各种方式呈现出来的新的实践理性的物化形态。正是这种被物化了的新的实践理性，既蕴涵新的认知理性、社会历史理性和人文理性，同时又是人文价值、社会历史价值和审美价值的感性实现。从这个意义上说，新的实践理性是一个具有根本改变性的总观念。

马克思和恩格斯在《德意志意识形态》中说道："全部人类历史的第一个前提无疑是有生命的个人的存在。因此，第一个需要确认的事实就是这些个人的肉体组织以及由此产生的个人对其他自然的关系。当然，我们在这里既不能深入研究人们自身的生理特性，也不能深入研究人们所处的各种自然条件——地质条件、山岳水文地理条件、气候条件以及其他条件。任何历史记载都应当从这些自然基础以及它们在历史进程中由于人们的活动而发生的变更出发。"[①]有生命的个人的存在是人类历史的第一个前提。

① 《马克思恩格斯选集》第1卷，北京：人民出版社，2012年，第146—147页。

马克思在 1846 年 12 月 28 日致帕维尔·瓦西里耶维奇·安年科夫（Павел Васильевич Анненков，1812—1887 年）的信中说道：“人们不能自由选择自己的生产力——这是他们的全部历史的基础，因为任何生产力都是一种既得的力量，是以往的活动的产物。可见，生产力是人们应用能力的结果，但是这种能力本身决定于人们所处的条件，决定于先前已经获得的生产力，决定于在他们以前已经存在、不是由他们创立而是由前一代人创立的社会形式。后来的每一代人都得到前一代人已经取得的生产力并当做原料来为自己新的生产服务，由于这一简单的事实，就形成人们的历史中的联系，就形成人类的历史，这个历史随着人们的生产力以及人们的社会关系的愈益发展而愈益成为人类的历史。由此就必然得出一个结论：人们的社会历史始终只是他们的个体发展的历史，而不管他们是否意识到这一点。他们的物质关系形成他们的一切关系的基础。这种物质关系不过是他们的物质的和个体的活动所借以实现的必然形式罢了。”①

马克思十分重视人的个性，但又把人的个性或人格的本质规定为人的“社会特质”②。马克思在写于 1843 年 3 月中至 9 月底的《黑格尔法哲学批判》手稿中说道：“‘特殊的人格’的本质不是它的胡子、它的血液、它的抽象的肉体，而是它的社

① 《马克思恩格斯选集》第 4 卷，北京：人民出版社，2012 年，第 408—409 页。
② 《马克思恩格斯全集》第 3 卷，北京：人民出版社，2002 年，第 29 页。

会特质。”[①]个性受制于人类实践和社会经济关系，随人类实践和社会经济关系的演进而嬗变，因此不能孤立地抽象地考察个性。个性不是单纯的自然存在，而是历史的产物，在世界历史上适应实践和经济发展的需要，个性的自觉或独立人格观念在生成后是不断强化的。马克思和恩格斯在《德意志意识形态》中明确指出：“每一个单个人的解放的程度是与历史完全转变为世界历史的程度一致的。”[②]

马克思在考察世界历史时曾经依据人的个性演进把人类社会发展过程分为三个阶段或三种社会形态。马克思在写于1857年底至1858年5月的《政治经济学批判（1857—1858年手稿）》中说道：“每个个人以物的形式占有社会权力。如果从物那里夺去这种社会权力，那么你们就必然赋予人以支配人的这种权力。人的依赖关系（起初完全是自然发生的），是最初的社会形式，在这种形式下，人的生产能力只是在狭小的范围内和孤立的地点上发展着。以物的依赖性为基础的人的独立性，是第二大形式，在这种形式下，才形成普遍的社会物质变换、全面的关系、多方面的需要以及全面的能力的体系。建立在个人全面发展和他们共同的、社会的生产能力成为从属于他们的社会财富这一基础上的自由个性，是第三个阶段。第二个阶段为第三个阶段创造条件。因此，家长制的，古代的（以及封建的）状态随着商业、奢侈、货币、交换价值的发展而没落下

---

① 《马克思恩格斯全集》第3卷，北京：人民出版社，2002年，第29页。

② 《马克思恩格斯选集》第1卷，北京：人民出版社，2012年，第169页。

去，现代社会则随着这些东西同步发展起来。”①

第一个阶段是前资本主义的人的依赖关系阶段。马克思指出，在这种最初的社会形态下，人的生产能力只是在狭小的范围内和孤立的地点上发展着，这是指资本主义以前的自然经济条件下劳动者的人身依附是和狭窄地域的束缚紧密联系的。原始社会生产力十分低下，每个社会成员都依附于狭小的社会群体，谈不到个人或个体的独立性。在奴隶社会、封建社会，占社会大多数的劳动者没有人身自由，奴隶只是会说话的动物，可被任意买卖、惩处以至屠杀。农奴或农民世代被束缚在封建地主的土地上，为租种土地备受奴役与盘剥。所以，奴隶对奴隶主、农民对地主都是一种人身依附关系，谈不到个人的独立性，也就是没有个性或人格无保障。在奴隶社会和封建社会的宗法等级制度下，因为要按等级次序依附于权势，就连奴隶主、封建主贵族的个人独立性也很有限。因此对中国传统的所谓以“整体”“集体”为本位的观念一定要作具体分析。因为具体历史地看待“整体”“集体”，就要承认它在封建社会是被皇权统治的，所谓以“整体”“集体”为本位，实质上往往是以统治者的权势、权力为本位，或俗称“官本位”，这不仅是对个人独立性的束缚，也是对在摆脱民族灾难中培植的群起奋进的集体精神的最大障碍。

第二个阶段是资本主义的以物的依赖性为基础的人的独立

① 《马克思恩格斯文集》第 8 卷，北京：人民出版社，2009 年，第 52 页。

性阶段。在自然经济被冲破和资本主义商品经济取得统治地位、极大地促进了生产力发展的形势下，才形成普遍的社会物质交换、全面的关系、多方面的需要以及全面的能力的体系。无疑，这些都是个性或个人独立性生成的必要条件，但是资本主义把农民从封建地主的土地束缚下解放出来使之成为雇佣劳动者，使资本主义法治下的自由平等首先保障的是资本家的雇工自由与工人的受雇或出卖劳动力的自由。这不仅表明无论资本家还是工人都有了个人独立的经济或个人的经济独立性，即为个性或个人独立人格提供了现实条件；而且表明这种现实条件十分狭窄、有限，并未完全摆脱依附，只是由对人的依附转为对物的依附，即由对权势的依附转为对金钱、货币和资本的依附。这种资本主义条件下所谓的个人本位，实际上被异化为金钱本位、货币与资本本位。而掌握货币与资本的资本家，在一定意义上对货币与资本的依附更为突出。所以，只有消灭资本主义私有制，才能摆脱金钱、货币和资本对个性、个人独立人格的限制与束缚。

马克思和恩格斯在《共产党宣言》中针对“消灭私有制就是消灭个性”的指责，指出：“在资产阶级社会里，资本具有独立性和个性，而活动着的个人却没有独立性和个性。”[①]消灭私有制要消灭的是资本的独立性和个性，而不是活动着的个人的独立性和个性。至于在消灭了私有制、根本改变对货币与资本

① 《马克思恩格斯选集》第1卷，北京：人民出版社，2012年，第415页。

的依附之后，对资本主义在经济上为个人的独立性和个性所创造的必要条件，决不能简单地否弃，而要予以强化，使活动着的个人、个性真正获得解放，以便为实现自由个性创造更为充分的条件。

第三个阶段是共产主义的自由个性阶段。自由个性是建立在个人全面发展和他们共同的、社会的生产能力成为从属于他们的社会财富这一基础上的。马克思和恩格斯在《共产党宣言》中指出："代替那存在着阶级和阶级对立的资产阶级旧社会的，将是这样一个联合体，在那里，每个人的自由发展是一切人的自由发展的条件。"[①]共产主义社会将是这样一个联合体，在那里，每个人的自由发展是一切人的自由发展的条件。共产主义社会是每个人都实现了自由个性的社会。由于个性或人格完全摆脱了依附，不仅摆脱了人的依赖关系而且摆脱了物的依赖关系，从而通过理想的健全人格实现依靠社会每个成员自己的劳动及相应的知识、能力创造出以往社会不可比拟的有丰富的物质财富和精神财富的理想社会。

以上就三个历史阶段人的个性所做的具体的历史的规定，为人们的改变提供了理论与方法。在世界历史上，自主的独立个性或人格的自觉，不是从来就有的，而是伴随世界历史生成的。前资本主义由于个人对他人、群体的依赖或依附，不可能有个性或独立人格的自觉，只有其萌芽观念。个性或独立人格

① 《马克思恩格斯选集》第1卷，北京：人民出版社，2012年，第422页。

的自觉是在资本主义条件下生成的，但只属于占有生产资料的少数人，并且作为利己主义的基础。就此意义上的个性或独立人格，无疑是资本主义文明的价值坐标。只有社会主义社会为每一个人的个性或独立人格的生成与发展创造条件，社会主义社会的最高目标是实现每个人的自由发展是一切人的自由发展的条件的共产主义社会。共产主义社会使个人利益和集体利益高度统一，每个社会成员都有自主的独立人格和遵循集体主义道德原则的自觉。当今处于社会主义初级阶段，尚未实现共产主义社会理想，因此理想的自由个性只是萌芽，本为历时性的个性发展的三个历史阶段，却共存于现阶段。虽然这种复杂性对现实个性如何定位颇具难度，但是人们应该抓住社会主义市场经济为培育公民的自主、独立人格所提供的有利条件，力求把个人独立人格的自觉作为社会主义或共产主义道德原则的前提，促使局部的以个人的自主性、独立性为基础的集体利益实体的形成、巩固与发展，为在全社会实现社会主义理想和共产主义理想奠基。

第四节　改变具有多样性

众所周知，改变具有很高的多样性。改变是有内容和发展规律的。改变的特征取决于民族心理素质和改变的表达工具。人们的改变之间的差异足以说明人们的改变具有多样性。人们仅凭一时的改变显然不可能完成人们的全部历史任务。事实上，人们不可能指望仅凭一时的改变就能完成人们的全部历史任务。因此，人们在不同的时间、不同的地方会有不同的改变。

由于改变具有多样性，因此人们非常清楚将会遇到的困难。改变能够推进人的发展。改变在人的发展中占据着重要地位。改变对人的进步能够起到整体推进的效应和影响。改变能够显现人的本质。改变与人的本质是有内在关联的。改变是人的本质的改变。改变能够显现出人的本质是什么。因而人把握了改变，也就把握了人的本质是什么。改变能够把人的本质是什么带到人们面前来。

改变是属于人的本质的东西。人的改变的领域是攸关人的本质的。因此，人的改变必须是十分恰当的。这样一来，人们的改变就必须具有真理性。人们的改变本身是有一种特别的明确性的。人们的改变显然不会是对任意之物和无关紧要之事而言的，而是对必要之物和紧要之事而言的。人们必须对改变确切地予以理解。人们要想改变，就必须做好准备。人们要想改变，就必须思考那为人的改变提供了根据的东西。那为人的改变提供了根据的东西，本身就是人的改变的根据。

人的改变的根据是人在改变中应得到把握的东西。人们要想改变，就要把人们的改变带到沉思之路上去，就要思考整体改变。对于人们所需要改变的东西，人们是按照需要改变来衡量的，是按照需要改变的东西和需要改变的愿望来衡量的。人的改变事实上是在一种活动空间中运作的，而人本身每每都会按照改变的需要而迁移这种活动空间的界线。人或者是关注他所改变的东西，或者是关注他能够不改变的那种东西。

只是在改变中，人的本质才能得到奠定。只是在改变中，历史性的人才能得到形成。人的本质是在改变中召呼着人并且要求着一种回答。历史性的人必然是在改变中被要求的。改变是与人的本质性的东西关联的。人只能在改变的本质性的东西中拥有其本质性的东西。改变对于人而言乃是不可或缺的。改变乃是开端性的东西。改变能够对人们的历史进程造成影响。在改变当中，人们需要知道，一种开端是什么以及如何是。

人的意义需要在人的改变中得到规定。为此就需要沉思：人的改变是如何进行的？并且什么归属于人的改变？在改变中，人们需要做好对改变进行沉思的准备。倘若事实如此，则人们就必须要知道，未来有可能会向他们苛求什么。人们需要对改变的尺度有所了解，这乃是急需之事。改变是为了建设未来而不是为了破坏未来的。人们必须把改变思考为一种开端之物，必须把改变思考为一种未来之物。

人们在改变中是能够理解原始的决断的。改变承载着人的历史的本质性的东西。人的改变的光明的东西是归属于人的改变的本质性的东西的。人的改变是有人的改变的真理的规定的。人的改变的真理是人的改变的真实的东西。人们在改变中能够看到本质性的东西。改变对于人而言是必需的。人的本质是能够在人的改变中得到彻底思考的。真正使得人与其改变之开端疏远开来的东西，是改变观。

在人的改变中是有人的基本立场的。人在改变中的基本立场是有所变化的。人的改变烙印着人的改变的能力。人的改变显然对人具有决定性的影响。当人持续地改变着，人的认识和实践就始终在进展着。也就是说，人的意志在人的改变中实际是存在着的。对于人们的历史而言，改变乃是独一无二的东西，是开端性的东西，是值得赞颂的东西，是伟大的东西。

人们能够在改变的作用中经验到改变。人们乃是改变者。人们的一切改变都关乎人们。唯当人们与值得改变的东西真正关联，人们才能真正改变。人们要想改变，就要理解人们改变的根据。这也就意味着：人们要想改变，就要达成与人们改变的根据的关联；人们要想改变，就要内在地领悟人们的改变的本质性的东西；人们要想改变，就要理解规定着人们改变的东西。

历史性的人只有在改变的时候才会拥有其重要性，也只有在改变的时候才会拥有其多样性。人们要想改变，就要理解人们改变的整体的根据。只要人们处于改变之中，人们就始终被人们改变的整体所规定。人们改变的整体的根据对人们而言并不是无意义的东西。改变并非现成存在的东西，而是被规划的东西。改变不仅是现实的东西，而且是可能的东西。人的改变不仅是通过人的改变的现实的东西被规定的，而且是通过人的改变的可能的东西被规定的。

当人们进行改变时，人们需要追问：人们的改变存在于何处？人们的改变源出于何处？当人们说改变时，人们真正意指的却是人们的改变。人们谈改变时，但根本上却指的是人们的改变。改变自有其历程。当人们进行改变时，人们需要追问：人们的改变是在哪里？人们的改变是什么？人们的改变自有其道。人们需要深思人们的改变之道。人们的改变是人们改变着的，这就是人们改变的本质。

只要人们进行改变，那么改变就必然归属于改变的主体。人们在进行改变时是需要对改变做判断的。人的改变是应归于人的。当人们进行改变时，人们需要追问：人们的改变究竟意指的是什么。因此，人们还必须对改变追溯得更远些，并且如此才能注意到改变的真正的意义是什么。人的每一次改变都具有不同的含义与范围。对于改变的丰富性，人们只有从改变的多样性的视角，才能予以理解。因此，唯当改变的含义被充分阐释之际，改变才能得到充分理解。

改变活动始终依赖于应被改变的东西。改变是按照改变的方式而得到规定的。对于改变而言，改变的方式是必不可少的。改变每每都是在知识和行动的不同层面上运行的。人们的知识和行动处处规定着人们的改变的基本特征。人们的知识和行动处处规定着人们的改变的现实性。人们的改变的多样性显现着人们的改变的丰富性。人的改变是在人的认识和实践中被确保的。人的改变是在人的认识和实践中被满足的。在改变中隐藏着本质性的东西。改变的本质性的东西规定着人。

改变是关乎人的空间性的东西。改变是有领域的。人只有在改变的领域中，才能理解改变的本质，才能理解改变的根据。根本说来，人的改变的领域包含着与人的改变的关联。人的改变的多样性在人的改变的领域中表现出来。倘若人的改变不是在人的改变的领域中的话，人的改变又会是什么呢？因为人的改变是多种多样的，所以人的改变的多样性是人的改变的本质性的东西。

人在改变中是能够得到明确规定的。人的改变能够显示出多种多样的阶段和等级。人只要进行改变，人的改变就被置到人的改变的多样性中去了。改变对于人而言是多种多样的。为了进行改变，人的改变的多样性是必需的。人为了进行改变，所需要的仅仅是人的改变的多样性。人的改变是存在于多样性之中的。人的改变根本上是具有多样性的。

第五节　小　　结

人们应该以整体的眼光看待改变。改变的社会性、改变的能动性、改变的历史性、改变的多样性有其原始的亦是内在的统一性。改变总有社会性、能动性、历史性、多样性等特质，而且这些特质总是随着历史的变迁而处于自然的发展演进中，同时改变的社会性、能动性、历史性、多样性是有着原始的、内在的统一性的。改变本身是一个认知过程。改变是一个开放性的系统。

第三章　发展的特征

发展是有其特征的。发展是有其属于自己的规定的。所以，发展都具有本质特征，都具有本质规定。发展都具有普遍本质。发展是由发展的特征所决定的。

第一节　发展具有客观性

发展具有客观性。马克思在《关于费尔巴哈的提纲》中指出："哲学家们只是用不同的方式解释世界，而问题在于改变世界。"他认为："全部社会生活在本质上是实践的。""环境的改变和人的活动或自我改变的一致，只能被看做是并合理地理解为革命的实践。"①

马克思非常强调人和人的生活的实践本性。马克思总是希

① 《马克思恩格斯选集》第1卷，北京：人民出版社，2012年，第134—135、140页。

望人们能从人与人的生活的实践层面来表现和研究人的本质，揭示人的生态和心态以及人的前途与命运的契机和动因。马克思曾把能否通过社会实践活动改变旧的社会环境作为区别新人和旧人的根本标志，强调表现有实践能力的人，以期凭借能够体现新的生产力发展方向的新人的变革现实的伟大实践，改变旧的社会环境，促进社会转折，推动历史进步，实现人的全面自由发展。

马克思在《〈政治经济学批判〉序言》中指出："人们在自己生活的社会生产中发生一定的、必然的、不以他们的意志为转移的关系，即同他们的物质生产力的一定发展阶段相适合的生产关系。这些生产关系的总和构成社会的经济结构，即有法律的和政治的上层建筑竖立其上并有一定的社会意识形式与之相适应的现实基础。物质生活的生产方式制约着整个社会生活、政治生活和精神生活的过程。不是人们的意识决定人们的存在，相反，是人们的社会存在决定人们的意识。社会的物质生产力发展到一定阶段，便同它们一直在其中运动的现存生产关系或财产关系（这只是生产关系的法律用语）发生矛盾。于是这些关系便由生产力的发展形式变成生产力的桎梏。那时社会革命的时代就到来了。随着经济基础的变更，全部庞大的上层建筑也或慢或快地发生变革。在考察这些变革时，必须时刻把下面两者区别开来：一种是生产的经济条件方面所发生的物质的、可以用自然科学的精确性指明的变革，一种是人们借以意识到这个冲突并力求把它克服的那些法律的、政治的、宗教的、艺术的或哲学的，简言之，意识形态的形式。我们判断一个人不能以他对自己的看法为根据，同样，我们判断这样一个变革时代也不能以它的意识为根据；相反，这个意识必须从物质生活的矛盾中，从社会生产力和生产关系之间的现存冲突中去解释。无论哪一个社会形态，在它所能容纳的全部生产力发挥出来以前，是决不会灭亡的；而新的更高的生产关系，在它的物质存在条件在旧社会的胎胞里成熟以前，是决不会出现的。所以人类始终只提出自己能够解决的任务，因为只要仔细考察就可以发现，任务本身，只有在解决它的物质条件已经存在或者至少是在生成过程中的时候，才会产生。”①

恩格斯在马克思墓前的讲话中提到：“正像达尔文发现有机界的发展规律一样，马克思发现了人类历史的发展规律，即历来为繁芜丛杂的意识形态所掩盖着的一个简单事实：人们首先必须吃、喝、住、穿，然后才能从事政治、科学、艺术、宗教等等；所以，直接的物质的生活资料的生产，从而一个民族或一个时代的一定的经济发展阶段，便构成基础，人们的国家设施、法的观点、艺术以至宗教观念，就是从这个基础上发展起来的，因而，也必须由这个基础来解释，而不是像过去那样做得相反。”②

马克思和恩格斯论述的辩证唯物主义的基本原理对理解发展的客观性具有重要的指导意义。发展是事物由小到大、由简

---

① 《马克思恩格斯选集》第2卷，北京：人民出版社，2012年，第2—3页。

② 《马克思恩格斯选集》第3卷，北京：人民出版社，2012年，第1002页。

到繁、由低级到高级、由旧质到新质的变化过程。唯物辩证法是最完备的关于发展的学说。发展对于全面建设中国特色社会主义、加快推进社会主义现代化，具有决定性意义。在社会主义初级阶段，要牢牢抓住经济建设这个中心，坚持聚精会神搞建设、一心一意谋发展，不断解放和发展社会生产力；更好地实施科教兴国战略、人才强国战略、可持续发展战略，着力把握发展规律、创新发展理念、转变发展方式、破解发展难题，提高发展质量和效益，实现又好又快发展，为发展中国特色社会主义打下坚实基础。努力实现以人为本、全面协调可持续的科学发展，实现各方面有机统一、社会成员团结和睦的和谐发展，实现既通过维护世界和平发展自己，又通过自身发展维护世界和平的和平发展。

第二节　发展具有能动性

发展具有能动性。马克思和恩格斯在《共产党宣言》中预测：“代替那存在着阶级和阶级对立的资产阶级旧社会的，将是这样一个联合体，在那里，每个人的自由发展是一切人的自由发展的条件。”[①]马克思和恩格斯的这一论述深刻地阐明了每个人的自由发展和一切人的自由发展的相互关系，即揭示了人的个体解放和群体解放的相互关系。一方面，主张个体的解放和

① 《马克思恩格斯选集》第1卷，北京：人民出版社，2012年，第422页。

全面自由发展；另一方面又认为个体的解放和全面自由发展应当是群体的解放和全面自由发展的条件，从而把每个人的解放和全面自由发展同全人类的解放和全面自由发展紧密地联系起来。马克思和恩格斯关于人的解放的思想和关于人的全面发展的理论，对深入地、完整地理解发展的能动性具有重要的指导意义和学术价值。

马克思和恩格斯在《德意志意识形态》中是这样论述无产阶级的解放的：只有无产阶级把劳动转化为自主活动，并同物质生活一致起来，才能实现联合起来的个人对全部生产力总和的占有。马克思和恩格斯在《德意志意识形态》中认为："占有还受实现占有所必须采取的方式的制约。占有只有通过联合才能得到实现，由于无产阶级所固有的本性，这种联合只能是普遍性的，而且占有也只有通过革命才能得到实现，在革命中一方面旧生产方式和旧交往方式的权力以及旧社会结构的权力被打倒，另一方面无产阶级的普遍性质以及无产阶级为实现这种占有所必需的毅力得到发展，同时无产阶级将抛弃旧的社会地位所遗留给它的一切东西。""只有在这个阶段上，自主活动才同物质生活一致起来，而这点又是同个人向完整的个人的发展以及一切自发性的消除相适应的。同样，劳动转化为自主活动，同过去的被迫交往转化为所有个人作为真正个人参加的交往，也是相互适应的。联合起来的个人对全部生产力总和的占有，消灭着私有制。但是过去，在历史上，这种或那种特殊的条件总是偶然的，而在现在，各个个人的孤独活动，即某一个个人所从事的特殊的私人活动，才是偶然的。”①

马克思和恩格斯在《德意志意识形态》中还认为：“这种变化只有在实际运动中，在革命中才有可能实现；因此革命之所以必需，不仅是因为没有任何其他的办法能推翻统治阶级，而且还因为推翻统治阶级的那个阶级，只有在革命中才能抛掉自己身上的一切陈旧的肮脏东西，才能建立社会的新基础。”②

马克思和恩格斯认为，人改造环境，环境也改造人。同时，人的解放也意味着人的感觉和特性的彻底解放。马克思和恩格斯在《德意志意识形态》中认为：“个人之间进行交往的条件是与他们的个性相适应的条件，这些条件对于他们说来不是什么外部的东西；它们是这样一些条件，在这些条件下，生存于一定关系中的一定的个人只能生产自己的物质生活以及与这种物质生活有关的东西，因而它们是个人自主活动的条件，而且是由这种自主活动创造出来的。”③共产主义将是一个由全面自由发展的人组成的社会的“共同体”和“联合体”。马克思在《资本论》第1卷中认为，共产主义社会是“以每一个个人的全面而自由的发展为基本原则的社会形式”④。马克思和恩格斯在《德意志意识形态》中认为：“在共产主义的社会组织中，完全

① 《马克思恩格斯全集》第3卷，北京：人民出版社，1960年，第76—77页。
② 《马克思恩格斯全集》第3卷，北京：人民出版社，1960年，第78页。
③ 《马克思恩格斯全集》第3卷，北京：人民出版社，1960年，第80页。
④ 《马克思恩格斯选集》第2卷，北京：人民出版社，2012年，第267页。

由分工造成的艺术家屈从于地方局限性和民族局限性的现象无论如何会消失掉，个人局限于某一艺术领域，仅仅当一个画家、雕刻家等等，因而只用他的活动的一种称呼就足以表明他的职业发展的局限性和他对分工的依赖这一现象，也会消失掉。在共产主义社会里，没有单纯的画家，只有把绘画作为自己多种活动中的一项活动的人们。”[①]

发展的伟大使命和根本目的不在于用不同的方式解释世界，而在于改造世界。马克思和恩格斯为了强调实践的极其重要性，甚至把他们的哲学称为“实践唯物主义”。马克思和恩格斯在《德意志意识形态》中认为：“对实践的唯物主义者即共产主义者来说，全部问题都在于使现存世界革命化，实际地反对并改变现存的事物。”[②]马克思和恩格斯指出，为了实现发展，要有使用实践力量的人。马克思和恩格斯企盼造就能够掌握“实践理性”、使用“实践力量”改变旧世界的一代新人。

第三节　发展具有规律性

发展具有规律性。马克思和恩格斯是如何论述无产阶级的解放的？马克思和恩格斯不再更多地使用异化这个概念来说明底层大众的生态和命运，而主要是运用剩余价值、经济剥削、

① 《马克思恩格斯全集》第 3 卷，北京：人民出版社，1960 年，第 460 页。
② 《马克思恩格斯选集》第 1 卷，北京：人民出版社，2012 年，第 155 页。

实践批判和阶级斗争的学说来阐述人的解放问题。

恩格斯在马克思墓前的讲话中提到："马克思还发现了现代资本主义生产方式和它所产生的资产阶级社会的特殊的运动规律。由于剩余价值的发现，这里就豁然开朗了，而先前无论资产阶级经济学家或者社会主义批评家所做的一切研究都只是在黑暗中摸索。"①

马克思批判费尔巴哈对抽象的人的崇拜和泛爱主义的舆论呼吁，包括他对黑格尔的纯理论形态的绝对理念的颠倒，都没有触及历史的深处和现实生活的实质。黑格尔和青年黑格尔派的思辨哲学妄图在精神、思维、语言和词句的圈子里奢谈人的解放和社会的变革，都是不可能实现的，只能流于苍白的幻想。这并非说理论是不重要的。没有正确的理论，绝不会有正确的举措、行为和运动。正确的理论是实现战略目标和科学发展的指导思想。这里，存在着两个层面的问题：从理论本身的层面看，存在着一个科学理论和伪科学理论的关系问题。人们应当防止和克服各种脱离现实的或只停留在语言和舆论层面的所谓"理论"，而必须坚持和发展能贴近和解决现实问题的科学理论。从理论与实践的关系的层面看，正如马克思所指出的，思想和理论本身并不能实现任何东西，只有把正确的和科学的理论付诸实践，才能变成巨大的物质力量，从而把思想转化为物化形态，转化为社会生活中的活生生的现实。

① 《马克思恩格斯选集》第3卷，北京：人民出版社，2012年，第1002—1003页。

马克思和恩格斯为人类指明了谋求解放和实现共产主义伟大理想的正确道路。历史的发展不是主观随意性的，而是有客观规律可循的。新社会生长的因素是在旧社会的母胎中逐渐成熟的，经过一个相当长的积累和发展的过程，以至成为旧社会的反叛和颠覆的力量，最终走上历史舞台，占据统治地位，从而取代旧社会，实现历史的新发展。马克思和恩格斯在《共产党宣言》中指出："旧思想的瓦解是同旧生活条件的瓦解步调一致的。"社会发展的历史"证明精神生产随着物质生产的改造而改造"，"人们的观念、观点和概念，一句话，人们的意识，随着人们的生活条件、人们的社会关系、人们的社会存在的改变而改变"。[①]因此，世界上不存在"永恒的真理"。

后来恩格斯在《〈共产党宣言〉1888年英文版序言》中明确指出："虽然《宣言》是我们两人共同的作品，但我认为自己有责任指出，构成《宣言》核心的基本思想是属于马克思的。这个思想就是：每一历史时代主要的经济生产方式和交换方式以及必然由此产生的社会结构，是该时代政治的和精神的历史所赖以确立的基础，并且只有从这一基础出发，这一历史才能得到说明；因此人类的全部历史（从土地公有的原始氏族社会解体以来）都是阶级斗争的历史，即剥削阶级和被剥削阶级之间、统治阶级和被压迫阶级之间斗争的历史；这个阶级斗争的历史包括有一系列发展阶段，现在已经达到这样一个阶段，即被剥削被压迫的阶级（无产阶级），如果不同时使整个社会一劳

---

① 《马克思恩格斯选集》第1卷，北京：人民出版社，2012年，第419—420页。

永逸地摆脱一切剥削、压迫以及阶级差别和阶级斗争，就不能使自己从进行剥削和统治的那个阶级（资产阶级）的奴役下解放出来。”“在我看来这一思想对历史学必定会起到像达尔文学说对生物学所起的那样的作用。”①

一定社会的思想结构和意识形态都是一定时代和历史条件下的社会结构的产物。包括政治、法律、哲学、宗教和艺术等一切社会意识形态和社会意识形式都伴随历史的发展而发展，都由于时代的更替而变迁。这些社会意识形态和社会意识形式，乃至所隶属的一切思想、观念和思潮，都是从它们所赖以存在的社会的历史条件中产生出来的，并逐渐成长为社会文化的主潮。事实上，各个世纪的社会意识，虽然在某些具有普同性的共同形式中运动着，但是从形式到内容都表现出一定的差异、矛盾和冲突，往往伴随社会的转型和历史的变革而更新。马克思和恩格斯关于社会存在决定社会意识的历史发展的基本原理的论述，对理解发展的规律性，具有深刻的思想启示。

第四节　小　　结

人们应该以整体的眼光看待发展。发展的客观性、发展的能动性、发展的规律性有其原始的亦是内在的统一性。发展总

---

① 《马克思恩格斯选集》第1卷，北京：人民出版社，2012年，第385—386页。

有客观性、能动性、规律性特质，而且这些特质总是随着历史的变迁而处于自然的发展演进中，同时发展的客观性、能动性、规律性是有着原始的、内在的统一性的。发展本身是一个认知过程。发展是一个开放性的系统。

第四章　改变的本质

人是能够按照改变的本质而思考的。改变的本质包含着改变的真理的发生。人是从改变的真理的本质出发来规定改变的本质的。改变的本质是由人的本质来规定的。人只有留心改变的本质的时候，才会趋于纯粹而圆满。人从改变的本质中获悉的是改变的美好、改变的幸福、改变的真实、改变的影响、改变的永恒。人的改变的本质是人性化的。人的改变对人不可或缺。人的改变对人事关重大。人将自身的生命改变化。人的改变的本质体现在改变与根据、改变与规律、改变与条件之中。

第一节　改变与根据

人的改变是有根据的，更确切地说，人的改变是必然有根据的。改变能够对人产生巨大的影响。不仅在深度方面，而且在广度方面，改变的影响无不灼然可见。每一个人都可以根据眼前的情况，见景生变，有所改变。从改变史来看，改变并不是一开始就有的。一般把改变分为早、中、晚三个时期。从改变的整个情况来看，改变显然有一个逐渐演变的过程，绝非出于一时。

改变有其存在价值，有其动人之处。人们绝不会一成不变。人们的改变是怎样产生的呢？人们的改变绝不会一蹴而就。人们的改变是为了人们的利益的。同样的经济基础，只能产生同样的改变。改变能够真正表达广大人民群众的思想感情。改变能够真正反映广大人民群众的根本利益。改变对于广大人民群众而言，是十分珍贵的。可惜的是，人们的改变，有时候像夏夜天空中的流星一样，在一瞬间闪出了耀眼的光芒，然后立刻就消逝不见了。因此，从人们的主观愿望来看，从人们的改变观来看，人们一定要了解人们改变的真正意义。

改变能够为以后人的发展开辟一条新路。人们如果想要改变，就要加强理论学习，就要重视开阔自己的眼界。改变是有历史背景的。不看历史背景，对改变分析时就会有片面性。对改变的宣传应该实事求是。改变有多大价值就说多大价值。既不夸大，也不缩小。人们要改变，就要脚踏实地地做工作。改变当然有不少的历史事实。改变一定有深刻的内在的原因。

改变是能够系统化的。改变是能够有可靠的根据的。人们的改变是能够各有所长的。人们的改变是能够有很多方面的规定的。改变同根据有特殊的关系与联系。改变在人们的改变的当时占有很重要的地位。改变能够促进人的发展，因而能够与人结成密切关系。从各方面来看，改变都可以说是人类历史上的一个转折点。改变是有境界的。改变是有道路的。

改变是能够发展、能够深化的。改变是同人民群众有密切的联系的。改变的发展之所以能够迅速，改变的影响之所以能够深远，与改变的方式有关系。人们应该以自己的方式来改变。人们的改变是有很大的局限性的。人们想改变，但又不彻底。在人的一生中，改变都同当时的人有密切联系。改变是有道理的。改变能够满足人的需要。改变同人是分不开的。

在人的一生中，能够发生惊天动地的变化。改变虽然要隔一段时间，但改变却是与人的努力分不开的。没有过去的努力，就没有今天的改变。今天人们仍然需要改变，这是完全可以理解的。因此，人们有必要把改变的原因、过程以及后果，用实事求是的观点，加以叙述，对一些带关键性的问题，提出自己的看法。因此，人们在改变中，需要找出一个合情合理的切合实际的角度。

人们要尝试改变，就要尝试努力。人们在改变中的社会经济地位，决定了人们在改变中所持的态度。人们的改变是有根源的。改变对人的直接帮助能够起很大的作用。改变能够给人留下很深的印象。改变的境况在人类历史上是无与伦比的。改变是有真情实况的。改变对于人具有极其重要的意义。也可以说，人的真情实况是人的改变产生的根据。

人们是能够改变社会的性质的，从而是能够改变社会的制度的。这反映了改变的总体情况。改变的根据在改变中是有作用的。改变的根据在改变中是很有意义的。改变是要经过时间的，是要走过一条漫长而曲折的道路的。改变对人们是有一定的影响的，人们应该记住这一点。改变对人们是有不少的贡献的。这是历史的规律，是人们所需要了解的。

人们是随时代而改变的。改变是错综复杂的，应该具体地加以分析。一切事情都在发展，在发展中，改变也就跟着发展起来。改变都对人或多或少地发生着影响。在这种情况下，改变的作用就不可低估。于是改变就有了决定性的影响。改变一定有根据，改变反映了人们的愿望和要求。改变能够给人们制造有利的机会。改变是有确切的含义的。

改变是一个历史概念。改变不是没有根据的。改变在人类历史上占有相当重要的位置。改变涉及人类社会的各个方面。改变能够引起人们的兴趣，能够焕发人们的精神。人们从改变中可以了解到当时的社会结构、社会关系、风俗习惯以及人们生活的各个方面。有的改变是能够确定的，有的改变是不能够确定的。改变有助于了解人们的发展的情况。因为改变与人有着千丝万缕的联系，所以改变有助于了解人们的发展。改变的可能性是存在的。

马克思主义改变观是内在于唯物史观的，唯物史观揭示："全部社会生活在本质上是实践的。"[①]正是经过实践的改变，把人类的生存环境即自然界打上人的烙印，使人类社会区别于自

① 《马克思恩格斯选集》第 1 卷，北京：人民出版社，2012 年，第 135 页。

然界，而实践则成为自然界转化为人类社会的“中介”，使人类社会成为改变世界的决定性的“中介”，因此实践也就成为改变的本质，或者说，改变的本质在于改变作为人的实践的产物。

第二节　改变与规律

人的改变是有规律的，更确切地说，人的改变是必然有规律的。改变有绝对重要的意义。人们对于改变有很高的热情。时机一到，改变就会像火山似的迸发了。改变能够为人的生存和发展打下基础。改变能够表现得十分具体。因为各人的立场和观点不同，对改变的看法是五花八门的。这也是很自然的，对改变这样一件起因和后果都异常错综复杂的大事情，要求大家看法都一致，几乎是不可能的。理解改变就是理解改变的规律性，这是把握改变的本质的基础。

改变的发展是可以分阶段的。改变是能够为大众所接受的，因而是能够产生巨大影响的。改变能够为人的认识和实践打下基础，创造条件。认识和实践对于改变的发展起了促进的作用。改变是人的理想，也是人的现实的情况。改变确有感人的力量。人们对改变是能够有进一步认识的。这种说法是符合实际情况的。

既然有改变，就有对于改变的认识。人是能够有根本的改变的。人总是要向前看的。改变扎根在人们中间，符合人们的想法。改变对于人们有不可估量的价值。改变为人们所做的贡献是不可磨灭的。改变是很有意义的，是很有作用的。当人们改变的时候，人们将有一个伟大的未来。改变是很耐人深思的。改变是有科学的历史发展规律的。

人们的改变是与人们的发展分不开的。人们对改变寄以很大的希望。改变是人们的生命的重要内容。人有人的需要。人有人的改变。改变是能够为人们所了解的、所欣赏的。改变能够发出不可磨灭的光辉。人们对于改变的向往是非常值得珍惜的。改变是非常值得人们重视的。改变是具体真实的。改变能够表达人们的永远乐观、永远向前看的精神，能够表达人们对生活、对一切美的东西的热爱，这就是改变的特点，这就是改变能够为人们所喜爱的原因。

人们能够从改变中学到不少东西。改变是由当时社会环境所决定的。人们对改变有无限的感情，依依难舍。改变是有感人的力量的。改变之所以特别为人们所喜爱，原因大概就在这里吧。改变是可以理解的。改变在人类历史上是一件大事情。在人类历史上改变总是一起一伏地向前发展的。改变宛如大海中的波浪，一波未平，一波又起；改变又像一首交响乐，一环扣一环，有联系，但又有区别。

改变是并不容易的；对改变作一个恰如其分的评价就更困难。改变要区分出改变的现实性与改变的理想性。改变的现实性就是改变的客观存在的情况。改变的理想性就是改变的应该有的情况。人们的职责就是通过改变的现实性，领悟改变的理想性，换句话说就是，不管改变的现实情况如何，在人们的心中，改变的理想性应该是纯正的、坚定的。在改变中，改变不仅能够表现出改变的现实性，而且能够表现出改变的理想性。这一点笔者觉得在今天还是值得人们注意的。

改变的含义很广。人们可以从改变中领悟到一些有用的东西，也就是说，改变值得人们领悟。本着古为今用、洋为中用的精神，人们不仅可以从古人那里学到改变的不少东西，而且可以从国外学到改变的不少东西。改变具有必然性。仔细研究起来，改变是一个十分有意义也十分复杂的问题。在人类历史中，改变的发展演变的历史是非常错综复杂的。

改变是为人的目的服务的。各时代的改变都各有所不同。改变有一个发展过程。改变是很必要的。改变的发展是与社会的发展分不开的。改变是当时社会条件所决定的。改变是当时社会的反映。改变在人类历史中的重要性是与日俱增的。改变的故事是家喻户晓的，是深入人心的。改变不仅影响当下人的发展，而且还影响以后人的发展。因此，改变的内容是比较复杂的。

改变可以提高人们的斗争勇气，改善人们的斗争方法。改变可以教会人们一些适应当时社会情况的处世做人的道理。改变在某种程度上能够反映人们的真实的情况。改变是有发展过程的。改变是顺应时代潮流的。改变在一定程度上代表人们的利益。由此可见，改变的形式与改变的内容是有密切联系的。

因为人类有改变，所以人类的前途是光明的。

人们是能够改变的。社会发展归根结底取决于生产力的发展。人们的改变说明了生产力的巨大发展。改变能够给人留下不可磨灭的印象。改变不是一成不变的，而是在不同程度上有所发展的。生产力和生产关系的矛盾、经济基础和上层建筑的矛盾，是推动历史发展的动力，是确定历史分期的客观标准。瞻望改变的前途，人类充满了信心。

恩格斯在很可能是 1876 年 5—6 月写成的《劳动在从猿到人的转变中的作用》一文中说道："我们不要过分陶醉于我们人类对自然界的胜利。对于每一次这样的胜利，自然界都对我们进行报复。每一次胜利，起初确实取得了我们预期的结果，但是往后和再往后却发生完全不同的、出乎预料的影响，常常把最初的结果又消除了。美索不达米亚、希腊、小亚细亚以及其他各地的居民，为了得到耕地，毁灭了森林，但是他们做梦也想不到，这些地方今天竟因此而成为不毛之地，因为他们使这些地方失去了森林，也就失去了水分的积聚中心和贮藏库。阿尔卑斯山的意大利人，当他们在山南坡把那些在山北坡得到精心保护的枞树林砍光用尽时，没有预料到，这样一来，他们就把本地区的高山畜牧业的根基毁掉了；他们更没有预料到，他们这样做，竟使山泉在一年中的大部分时间内枯竭了，同时在雨季又使更加凶猛的洪水倾泻到平原上。在欧洲推广马铃薯的人，并不知道他们在推广这种含粉块茎的同时也使瘰疬症传播开来了。因此我们每走一步都要记住：我们决不像征服者统治异族人那样支配自然界，决不像站在自然界之外的人似的去支配自然界——相反，我们连同我们的肉、血和头脑都是属于自然界和存在于自然界之中的；我们对自然界的整个支配作用，就在于我们比其他一切生物强，能够认识和正确运用自然规律。”①

从恩格斯中肯的阐释中人们领悟到作为认识自然和改造自然主体的人不仅是社会的存在，而且是自然的存在，同自然界是内在互动、协同发展的。因此，人与自然的关系是实践生成的、内在的、双向互动的关系。人与自然的和谐发展是实现科学改变的基础环节或根本性的前提。

第三节　改变与条件

人的改变是有条件的，更确切地说，人的改变是必然有条件的。改变的形式当然是离不开改变的内容的。人们要想准确地理解和评价改变，必须从改变的时代背景出发。当人们斗志昂扬地认识和实践的时候，改变是很有意义的。人们会适应社会的发展、生产力的发展而随时改造自己，改变自己。改变在当时是有相当大的力量的。改变在当时的情况下，是能够说清楚的，是完全可以理解的。

改变之所以能够产生，除了人们的努力之外，还有其客观

① 《马克思恩格斯选集》第 3 卷，北京：人民出版社，2012 年，第 998 页。

的需要。改变在一定程度上是符合人们的利益的。如果说，改变表达了人们的愿望，那显然是符合实际情况的。改变不能说是偶然现象。改变之所以能够成功，一方面说明改变满足了人们的需要；另一方面和人们使用改变的手段，也是分不开的。不仅改变的时间具有重大意义，而且改变的地方也具有重大意义。

改变是一个历史事实。从改变中可以看出人们改变时的社会状况，可以看出改变当时的阶级划分情况，可以看出改变究竟代表哪一个阶级的利益，还可以看出改变迅速发展的原因。在人类历史上，世界上任何人都有改变。但是科学改变，不是人类社会一开始就有的，而是在社会发展到一定的阶段后才出现的。实际上，改变不仅是人们的物质生活环境所造成的，而且是人们的精神生活环境所造成的。

改变对于人们的影响，实深且远，历久不衰。改变不仅是人们的内部矛盾斗争产生出来的，而且是人们的外部矛盾斗争产生出来的。改变是同人们的物质生活环境密不可分的。改变的起源是很早的。改变是向各个方向发展的。改变的原因是多方面的。其中之一也许是最重要的是物质方面的条件。改变不仅取决于改变的时间，而且取决于改变的道路。在当时的情况下，要想改变，只有清除前进道路上的阻碍。

改变是有界限的。改变能够反映人们向各个方向前进的情况。随着时间的推移，随着生产力的发展，人们的改变活动会逐渐增多。在改变的过程中，生产技术有了长足的进步。改变能够满足人们的生活需要。从改变这里可以看出人们的发展的过程。改变的情况长期影响着人们思想的发展。改变当时的环境能够大大有利于人们的发展。随着社会的发展，改变在社会中所占的地位日趋重要。在人类历史中，改变占有相当重要的地位。

改变不是偶然的，而是有其历史根源和社会根源的。人们所走的道路大方向应该是没有问题的。人们不这样是不行的。人们在当时社会中是有处境的。改变在人类社会中的地位是重要的。改变的原因千头万绪，异常复杂。其中最主要的原因有：第一，经济的原因；第二，政治的原因；第三，文化的原因；第四，军事的原因；第五，使命的原因。这些原因发挥的作用，也不可能完全一样；其中必然有主有从，有轻有重。这一观点已经在人类的历史过程中加以了证明，并将在人类的历史过程中继续加以证明。改变是完全可以理解的。

要讲改变，首先要讲经济关系。在人类历史上，改变同经济关系有着密不可分的联系。总之，改变是有经济背景的。不从经济上去探索改变的原因，改变的原因是无法发觉的。人们的生活环境改变了，人们的生活条件就要改变。改变是很符合人们的愿望的。改变是有条件的。可见改变是大势所趋的。改变是对人的一种发展。

改变不完全是被动的，个人意志和个人行动在改变中起很大的作用。改变在一定程度是自己能够操纵的。改变是符合当时社会上的实际情况的。改变与文化有着千丝万缕的联系。人们在改变中是能够逐渐掌握文化的。经济关系是改变的基础，经济关系在改变中的重要性是不言而喻的。但是这并不等于说，其他原因在改变中都不重要。属于上层建筑的原因在改变中所起的作用绝不可低估。

改变是历史的不自觉的工具。从历史的发展规律来说，历史总是要前进的，生产力总是要发展的。改变能够把社会发展向前推进一步。改变能够成为历史的不自觉的工具。改变不仅依赖条件，而且影响条件。改变是为了适应当时的社会生产力的发展而产生而发展的。改变是客观环境所决定的。这是完全可以理解的。在人们的心目中，改变是基础。客观环境改变了，人们就要改变。

一般说来，改变在人类社会上的地位是很高的。对改变加以探讨，意义重大。既然已经改变，最好是让改变本身来说话，用不着人们再画蛇添足了。然而，人们总感觉到，似乎还有一些话要说，而且是必须说。改变能够对人起着重要的不可或缺的作用。只要人尽到了自己的力量，人就会得到改变。由于改变是来之不易的，因此如何改变是一个必须解决的问题。

改变对人是非常有用的。由于人类有改变，因此人类的前途是光明的。笔者对人类的前途是充满了信心的。中国著名的古文字学家、历史学家、东方学家、思想家、翻译家、佛学家、作家季羡林（1911—2009 年）在《糖史・自序》中说道："我有一个别人会认为是颇为渺茫的信念。不管当前世界，甚至人类过去的历史显得多么混乱，战火纷飞得多么厉害，古今圣贤们怎样高呼‘黄钟毁弃，瓦釜雷鸣’，我对人类的前途仍然是充满了信心。我一直相信，人类总会是越来越变得聪明，不会越来越蠢。人类历史发展总会是向前的，绝不会倒退。人类在将来的某一天，不管要走过多么长的道路，不管要用多么长的时间，也不管用什么方式，通过什么途径，总会共同进入大同之域的。我们这些舞笔弄墨的所谓‘文人’，决不应煽动人民与人民，国家与国家，民族与民族之间的仇恨，而应宣扬友谊与理解，让全世界的人们都认识到，人类是相互依存，相辅相成的。大事如此，小事也不例外。”①

马克思在 1846 年 12 月 28 日致帕维尔·瓦西里耶维奇·安年科夫的信中说道：“人们不能自由选择自己的生产力——这是他们的全部历史的基础，因为任何生产力都是一种既得的力量，是以往的活动的产物。可见，生产力是人们应用能力的结果，但是这种能力本身决定于人们所处的条件，决定于先前已经获得的生产力，决定于在他们以前已经存在、不是由他们创立而是由前一代人创立的社会形式。后来的每一代人都得到前一代人已经取得的生产力并当做原料来为自己新的生产服务，由于这一简单的事实，就形成人们的历史中的联系，就形成人类的历史，这个历史随着人们的生产力以及人们的社会关系的愈益发展而愈益成为人类的历史。”②人类社会的历史，是一个有关联地发展着的历史。每一个时代，必然继承它的前时代遗

---

① 季羡林：《糖史》，北京：新世界出版社，2017 年，第 7 页。

② 《马克思恩格斯选集》第 4 卷，北京：人民出版社，2012 年，第 408—409 页。

传的物质生产力和认识，从这里构成发展的历史。

第四节　小　结

人在改变中是能够得到提升的。人的改变是人提升的根据，也是人提升的条件。人的改变依赖于人的改变的不完善性，也依赖于人的不完善性。人的改变是在时间中，也是在空间中。人的改变根植于人的改变的本质之中。人的改变隐含着人的改变的本质。人的改变的可能性都是通过人的改变的本质被给予的。人的改变的本质是由人的改变构造起来的。人的改变的本质处在人的改变的领域之中。人的改变属于人的改变的维度。

人的改变有人的改变的位置。人的改变有人的改变的时间，也有人的改变的空间。人的改变有人的改变的现实性。人的改变是可规定的。人的改变处于人的改变的本质之中。人的改变是在人的改变的根据、规律、条件中构造起来的。人的改变是可衡量的。没有人的改变，人就不会谈及人的改变的本质。有人的改变，人就会谈及人的改变的本质。有人的改变，就会有人的改变的显现。有人的改变，就会有人的改变的本质的显现。

人的改变是有人的改变的现在的。人的改变具有确定的本质。人的改变的本质是在人的改变之中构造起来的。人的改变是在不同方式的基础上构造起来的，因而，人的改变一定会有差异。人的一切改变都是在人的认识活动和实践活动中构造起来的。人的一切改变都涉及人的认识领域和实践领域。人的改变总是处于人的改变的本质之中。人的改变是不可以固定的。

人的改变能够使人富有成效地劳作，能够使人大步前进。人的改变是在人的改变的认识领域和实践领域中构造起来的。人的改变带有人的历史发展的必然性。人的整个发展基础是与人的改变相关的。人的整个生存基础是由人的改变建造而成的。显然，人的改变是人的生存和发展不可或缺的，无论人生存多久和发展多久。人的改变能够让人接近人的崇高的目标。人的改变能够让人前进。人的改变能够让人拥有无可估量的力量。

人的改变之路是人必须踏上的路。人的改变能够为人奠定基础。人从人的改变中能获得充足的滋养。人的改变是人的希望。人的改变的本质在于人的精彩。只有当人把握了人的结构，人方才会理解人的改变的本质。改变总是随着历史的变迁而处于自然的发展演进中。因此，人们不仅要唯物地理解改变，而且要辩证地理解改变。这才是对改变的正确态度，而且是对改变的真正正确态度。

第二编

改变为什么

我只是想，一个人只能有一次生命，我从来不相信轮回转生。既然如此，一个人就应该在这短暂的只有一次的生命中努力做一些对别人有益也无愧于自己的良心的事情，用一句文绉绉的话来说，就是实现自己生命的价值。能做到这一步，一生再短暂，也算是对得起这仅有的一次生命了。可惜的是，并不是每个人都能想到这一点，更不用说做到了。

——季羡林《悼念姜椿芳同志》

第五章　改 变 与 人

改变与人之间的关系是古老的关系了。改变与人二者如鸟之两翼，缺一不可。改变与人一定是有关系的。所有改变都跟人有关。改变与人是有牵连的。

第一节　认 识 改 变

人身处的世界是一个不断冒出新的潜在可能性的世界。人改变世界是从人认识世界开始的。人的社会环境对于人的思想的发展、变化，有很大的影响。人在得出一个道理之前，是要有一个求索的过程的。文明是能够培养出来的。改变是能够培养出来的。人所受的教育、所接受的家庭的和社会的影响，往往可以影响人的一生。改变对于人是颇有些导向作用的。因此，人需要教育来加以改变。

人是智慧达到了很高的程度才有了改变。改变必有一长期的准备才不是空的。改变必有一长期的准备才行。只要人活着，人就不断地以逾越出自身的方式去改变。改变不过是人的生命的一种特定的实现方式而已。人的生命实际上都和改变有关涉。人的生命都必须通过改变才能成为可能，获得意义。人只有有所改变，才能突破界限，才能拥有改变的可能性。人的一生的时间都是用来改变的时间。

改变要避免好高骛远。改变要去做才能有所收获。所以，改变很需要务实的精神，也考验人对改变规律的领悟力。每一次改变都是人前进的机会。人有了改变，才有可能前进。人毕竟是要不断改变的。改变是人生中的必经之路。人是要应对改变的。人要抓住时代赋予人的机会，主动改变。每个人都不是僵化和一成不变的。人只有积极寻求改变，才能掌握人生的主动权。人只有改变自己，人的世界才会发生变化。

人只有不断改变自己，才会不断发现自己更多的可能性。人生最重要的部分是学习如何改变自己。人有改变，才能有希望。人有改变，才能认识到更多的可能性。人只有改变自己，才能继续前进。人的成长的过程，其实就是一个不断改变自己的过程。人需要理性地看待改变。人可以给自己更大的改变空间。时间中蕴含改变未来的巨大的能量和无限的可能性。改变有社会意义。人们需要把改变带到现实世界。

人们需要让改变的思想付诸实践。人们需要把改变付诸行动。改变是在行动中实现的。行动是滋润人们改变的养料。人们真的想改变自己，那就开始行动吧。人身处的世界是一个被人改变的世界。改变其实为人在认识过程和实践过程中，奠定了相当重要的基础。改变能够给人带来持久的变化。人想要改变自己的人生和命运，就要奋斗。人只有奋斗，才能改变自己的人生和命运。奋斗是改变人生和命运的最好的力量。

人是能够改变的。人的改变有时是一瞬间的事情，有时是长期的事情。人的命运不是恒定的，人的命运是能够被改变的。人的生命会有很多的改变。改变能够为未来创造机会。人要为未来创造机会，没有改变是永远做不到的。人只有改变自己，才能改变自己的未来。人只有改变自己，才能改变别人。改变有偶然的改变，也有必然的改变。改变能够带来好的结果。

改变是挺不容易的一件事情。改变能力对人们来说是非常重要的。改变不仅能够引领人，而且能够引领时代。改变能够使自己的生命跟家庭、国家、民族、时代的发展紧密结合起来。改变每时每刻都在发生。改变不仅是为了现在更好，而且是为了未来更好。改变能够把现在和未来更好地结合起来。改变是能够把现在做的事情和未来相连的。人的改变的能力是可以成长的。

人会越来越清楚改变的重要性。人是要寻找改变的可能性的。人能够让现在的改变拥有未来的意义。人放弃改变就等于放弃未来。人要靠改变，把自己拉出黑暗，走向光明。改变是有条件的。改变是人的终点，也是人的起点。改变是能够收纳时间的。于是，人是需要改变的，改变是需要人的，人与改变互相辉映。改变高于时间。改变贵于时间。改变久于时间。

改　变

人在改变中不仅改变着自己，而且顺便也改变着改变之道。改变当然也很有意义。既然改变决定人，那么改变是必然的。改变是指向着未来的。世人宁有不爱改变者乎？改变是绝对不能缺少的。改变从很早的时候起，就同人结下了深厚的感情。改变能够为未来做好准备。改变能够给人增添力量。改变能够给人带来光明。因此，人爱改变，特别爱大的改变。

改变的路途不会是平坦的。改变能够使人感到生命力的无穷无尽。人们都会渴望改变，都在不同程度上想改变。可每一个人并不能都得到改变，这不能不说是一件憾事。就让改变永远存在下去吧，至少在人们的心中。有过改变的人们，还是希望改变的。人们可以改变。那么人们要改变什么呢？这是需要知道的。人们是在时间中改变的。就这样，改变也就在时间中生成了。

改变能够在人的心里，连续地打着烙印。改变当然是一个有生命力的东西。在人的心目中，改变是活的东西。人们对改变的理解，对改变的作用的看法是不尽相同的。大家都知道，在人的生命中，改变占有极其重要的地位。改变是人们的希望。人们爱改变，永远爱改变。世界上万事万物都是有根源的，改变也是有根源的。人的面貌天天在改变。

改变不是坏事，而是好事。可是人们的思想往往跟不上。人们不应该害怕改变。但是，是不是所有的改变都是好事呢？也不见得。有的地方不能改变得过了头，在大改变中应该保留一点不改变，那就好多了。改变在人们的心中，就占有这样特殊的位置。人类已经改变了，正在改变着，而且还将继续改变下去。时代的改变是巨大的，人们的脑筋跟上时代的步伐是困难的。

第二节 实践改变

人是非常容易改变的，改变往往能带来某一种愉快。但改变的道路并非笔直的、平坦的，改变也有阴霾蔽天的时候。改变能够带给人们新的希望。因为改变是人们的命根子，所以人们关心改变。山有根，水有源。世间万事万物是有根源的，不是没有根源的。改变也是有根源的，不是没有根源的。人能改变，人心里是明白的。人能改变，是对人的鼓励。

改变能够使人慨叹不已。现在的改变，现实的改变，人们是能够看到的，是能够感觉到的。过去的改变是现在的改变的前身，现在的改变是过去的改变的继续，而未来的改变则是过去的改变和现在的改变的更进一步的发展。过去的改变、现在的改变和未来的改变是游移不定的，每一个时代的改变都不相同。试想，人如果没有改变，能成为现在的人吗？能成为未来的人吗？

人的未来与改变是分不开的。在人的一生中，改变总是难免的。按理说，人对改变应该是十分了解的，然而，事实上却不尽然。依笔者看，人有时是不了解改变的。改变对于人是有极大的吸引力的。人从改变中可以得到启发。人从改变中可以悟出一些有用的东西来。改变使人成为闲不住的人。对于人来说，了解改变的情况，是有好处的。人类要想继续生存下去和发展下去，只能设法理解改变。

人的改变的阶段是人的生命中一个有意义的阶段。改变是有悠久而深远的意义的。改变对人有极大的帮助。改变同人有紧密的联系。改变能够在人的内心里增添极大的力量。人是能够改变的，有时甚至是大的改变。人在一生中是能够经历大的改变的。改变能够在人的心头油然漾起一股无比温馨、无比幸福的感情，这感情会伴人终生。

改变是一种永远前进的东西，改变了，就永远前进了。人们每当回忆起改变的情况，就历历如在眼前，真是永世难忘。改变是一面镜子。在这里面，可以照见过去与现在，可以照出人们应该走的道路。改变是人的生活必不可缺的内容。如果说人真有发展的话，那么人的发展就隐藏在改变里面。人从改变中学到了很多处世做人的道理。

人的一生都是在改变着的。改变是能够反映实际情况的。改变是能够有伟大的目标的。抚今追昔，人们想到改变而感慨万端，是很自然的。人们想到改变，是有好处的。人们是要用无限的热情歌颂改变的。改变是有规定的，这是符合客观规律的。一个人的生命是有限的，一个人的改变也是有限的。改变的这个事实确实值得人们深思。

人毕生从事改变工作是十分有意义的，是非常值得去做的。人只有改变，才能顺应时势。人类的改变能力是无与伦比的。人类一旦出现改变，改变立即就对人类产生影响。这说明，改变对人类的影响是开放的影响。改变是十分重要也是十分必要的事情。改变虽然有一些不尽如人意之处，但成就却是不可忽视的。改变历来都是推动人前进的重要条件。改变能够使人产生勃勃的生机。

人受改变的影响是切合实际的。人受改变的影响是至大的。皇天不负苦心人，人对于改变是能够有所领悟的。改变能够为人奠定基础。在人类发展史上，这是一个颇有意义的现象。改变虽小，却是极有意义的。改变是一件有重要意义的事情。人们对改变的理解是逐步深入的。人们的想法是会改变的。我认为，这是难以避免的。改变是十分珍贵的。

人要改变是要遇到困难的。人应该怎样来解决困难呢？这就是人的困难之所在。解决改变时遇到的困难，对改变会起极大的推动作用，是不言而喻的。改变是非常有用的。改变不但在历史上起过重要作用，到了现在，改变仍有极大影响。改变是有时代性的。改变能够加强人们对时代的了解，从而能够增长人们的见识。改变大大有利于了解时代的具体情况。

改变是极有价值的。随着时间的过去，人们对改变的看法，当然会有所充实。改变能够使人完善和完美。改变对人的影响不仅方面极广，而且程度极深。改变对一般社会生活是有影响的。改变能够大体上代表人对人生观、世界观、价值观的看法。改变不仅是有一定的高度的，而且是有一定的深度的。改变是人的生命的一个重要组成部分，改变的发展的规律不能脱离人的生命的发展的规律。

改变对人的生命来说是不可缺少的。我觉得，改变的真正的意义就在这里，否则改变的作用就不大了。改变有象征意义，改变象征着人的生命的意义。人的改变的情况就是人的生命的意义的情况。改变是一个十分复杂的问题，内因和外因都起了作用。改变应该分阶段。改变是一个历史发展问题。改变是历史发展的。改变是一个十分复杂的问题，不是三言两语就能够回答清楚的。

改变有内部因素，也有外部影响。改变是有规律的。改变的规律是：用越来越小的精神和身体两方面的改变努力满足越来越大的改变的需要。只要人类在行动上和思想上不能完全主宰自己的命运，改变就有存在的余地。改变是有正面的影响的。人们应该正确地理解改变。不了解改变，就无法了解人类历史。

第三节　珍惜改变

改变是有规律的。想人为地改变，是办不到的，只能是一个并不高明的幻想。改变能够促进生产力的发展。在精神方面和物质方面，都有改变。改变无所不在，无时不在。世界民族，不论大小，不论新旧，都有改变，虽然各民族对改变的贡献之大小不是等同的。人的发展总是同改变分不开的。改变都有一个过程。要尊重改变，但切莫迷信改变。

改变源远流长。改变的内容异常丰富。任何时代任何国家的改变都包含着两方面的因素：民族性和时代性。改变，全由客观的性质而定，不能由个人的主观愿望而定。改变的发展是一种历史的必然，是不以人的意志为转移的。改变对于人的影响是非常大的。只有改变能够济人的发展之穷。人们必须跟上改变的发展的步伐。

改变有相当重要的意义。改变有极大的能动性。海阔凭鱼跃，天高任鸟飞。改变是产生发展的原因。全面改变是产生全面发展的原因。在改变活动过程中，改变主体的主观能动性发挥得越大，人们就越容易感觉到改变。改变不是一朝一夕所能形成的，是逐渐积淀起来的。这是不言而喻的，也是无法否认的。改变是不可缺少的。改变是促进人类社会进步的动力。没有改变，人类就没有进步，就没有今天世界上这样繁荣兴旺的景象。

改变的表现的形式很多。改变可以分为两大类：一类是精神方面的改变；一类是物质方面的改变。对人来说，精神方面的改变和物质方面的改变都是很有意义的。精神方面的改变和物质方面的改变都是人的改变的重要组成部分。精神方面的改变和物质方面的改变与人都是密切相连的。人们在改变的同时，应该向前看，看到未来。人们对改变的理解因人而异。

人在改变的进程中是能够有所作为的。人越改变，收获就越大。改变是天经地义，无可指摘的。没有改变，人类就不会有进步。改变是人类进步的重要部分。因此，人类必须有改变，才能取得令人满意的成就。改变是促进人类社会发展的重要因素。人类的改变的势头真如旭日东升，方兴未艾。人类的改变问题极为复杂，牵涉的面极广。

人是能够改变化的。人是改变化之人。人要有坚实的改变的基础，要深通改变的精神，要开辟改变的新天地。人都与改变有关。因此，研究改变有特别重要的意义。人们研究改变，既要前瞻，又要回顾。改变要有整体概念和普遍联系的概念。人们的改变的角度是不同的。改变对人起过重要作用。改变应该有一个限度。

改变同人类历史是紧密结合在一起的。在改变方面，人有得天独厚的条件。改变活动是人共有的活动。改变活动对人产生了极大的影响。在人类历史上，改变不仅是存在的，而且是发展的。改变是人们希望之所在。人们对改变要加以发扬光大。人们不但在大的方面受到了改变的影响，就是在小的方面也受到了改变的影响。因此，人们的思想随时在改变。

人们在改变时，不仅要镕铸今古，而且要会通中西。人类改变的成就是巨大的，影响了全世界。由于风土和习俗之不同，人们的改变会不同。如果没有一个长期发展的背景，那么改变是不可能出现的。改变对人的前途是有影响的。改变不是没有根据的。改变具有阶级性、时代性和民族性。在改变的阶级性、时代性和民族性之上，巍然高踞着改变的人性。因此，改变还具有人性。

改变不仅是有目的的，而且是有结果的。改变是能够产生影响的。改变对人有无法估量、无法代替的重要意义。改变对人们了解人的发展情况极有帮助。改变绝不是没有原因的，而是与现在和过去有密切联系的，又是与未来有密切联系的。改变有内因，也有外因。只有内因与外因相结合，人才能逐渐改变。但是只有在实践中，人们才会发现，能够把内因与外因结合得恰如其分却绝不是一件容易的事情。

改变是有至高的境界的。改变的至高的境界是可以达到的。改变好比吃橄榄，最初的确有点苦，但是余味却是甜的。改变是要有一个过程的。人就是在改变中生存和发展的。改变是由历史环境所造成的，是由客观形势所决定的，不这样也是不行的。改变是极为难能可贵的。改变不是没有原因的。改变在人的生命中占有重要的地位。人是在改变的，月月改变，年年改变。人想以不改变应万改变，然而办不到。

改变承担着人的未来。改变是环境使然，时代使然。只要有改变，就有生气，就有希望，就有未来。人的前途就寄托在改变上。改变是有作用的。改变在古往今来的人心目中占有重要的地位。然而，改变绝不会是一帆风顺的。改变能够反映人的真实情况。改变是一面镜子。一个人的改变有时候并不由自己来决定。一个人的改变是很容易受环境支配的。

第四节　小　结

改变是与人有关的。看起来，从改变与人之间的关系这里，人们或许可以找到一条通达解决改变观问题的途径。改变，非亲身经历者，是绝不能理解的。改变对于人是具有极大的吸引力的。在人类历史中，改变是源远流长的，根深蒂固的。然而，改变是不能脱离现实的。对人来说，改变的意义真正是无比大的。改变能够使人成为世界上最优秀的人。改变是一条人类和大自然进化的规律。人有了改变，就有了希望。改变是可靠的，是符合实际的。人类的问题，只有改变才能克服，这是笔者的信念。

第六章　改变的意义

改变的意义深刻，令人回味无穷。改变都有实际的意义。改变对人有极大的价值。瞻望改变，人们的前途充满了光辉。

第一节　改变与现实

人能够改变人的现实状况，人的改变具有现实意义。人的改变是有好处的。人的改变是极有道理的。改变是事出必要、理有固然的。改变不管多么庸陋，也自有其可贵之处。但是，改变是什么样子，恐怕是非身历其境者难以说明白的。人有改变，人就是身历其境的人。改变在人类历史上是再重要没有的事了。改变是能够触到现实的。改变能够使人有生命力，有感情。

改变是人的改变。人对改变是要彻底了解的。改变总是能觉得到的。改变能够使人具有勇往直前的精神。改变是崇高的。进步是受改变的影响而产生的。改变对人的确有很大的帮助。你猜人活着干吗？改变自己。其实改变平淡得很，总是一步步取得的。改变能给人生气，叫人能够生存下去和发展起来。人在改变的过程中，不能有失望，不能有悲观，只能有希望，只能有进步。人在改变的过程中，能够领略到雄壮的美丽和伟大的力量。

人要有改变，就要有毅力。人没有毅力，就不能有改变，就不能做什么。改变必须源自那打动人的东西。改变实在都包括在实际人生里面。所以人们可以说，改变不远人，改变对实际人生有影响。改变是有很大的用处的。人必须在改变里开出一条路来。人们的改变是不同的。人们对改变是能够产生极大的兴趣的。改变真能影响人的心情。

人的环境制约人的改变。改变本来是愉快的事情，但是有时却也令人觉得痛苦。人对改变是有希望的。人有时问自己：为了改变，现在还能做什么呢？未来还能做什么呢？人多了个希望，人的生命就会更有意义。对于改变，人是能够找到充足的理由的。改变是有意义的事情。人要改变，就要往大处看。人非改变不行。改变是使人成器的事情。人们总是想做自己想改变的事情。

改变是妙不可言的。人改变的时候，心里总有点特异的感觉。改变是永久的东西。人能改变下去，对人很有裨益。生活再改变，改变的信仰不能改变。人在改变中是能够了解改变的真味的。改变是人的幸福的源泉。改变是有产生的背景的。人从改变中是能够得到许多奥妙的。人是受改变的影响的。人能够改变是人的具体的特点。无论改变什么都不容易。无论改变什么都要精神集中。

改变能够影响人的精神。改变是有来源的。改变是大美德。改变是非常丰富的。对人来说，改变是有吸引力的。改变是无比美妙的。人的一生实在非常复杂，人深受改变的影响。人能够沉思改变，是人的一生中最有意义的一件事。人在改变中能够找到自己要走的道路。人要走的道路同人的改变是分不开的。人在改变中是能够实现愿望的。人非改变不行。

人的改变是需要条件的。人的改变的道路是人真正想走的道路。人一定要实事求是，情况才能大大地改变。人改变虽小，但是意义却极大。人如果要有改变，当然会感到困难。但是，既然已经下定决心要有改变，就必然要把困难征服。人是能够沿着改变所开辟的道路前进的。面对改变，人是能够说些什么的。即使在改变的极其困难的环境中，人生乐趣仍然是有的。在改变的任何情况下，人生也绝不会只有痛苦。

能够改变是人们的共同愿望。改变带来的成就，难道是没有原因的吗？从改变中人们可以学到许多东西。改变是有必然性的。人能有改变，就不会令人感到遗憾了。改变是客观条件所决定的，是不以人的意志为转移的。改变的意义方面往往差别很大。对于改变，人是由衷地喜欢的。改变对人大有帮助。人只能同改变相依为命了。改变本来就是这样，人能够改变什么呢？

改变在当时是非常难能可贵的。人们在改变中各有各的主意，各有各的想法。人们是在改变中度过一生的。人的一生就是这个样子。人是要留恋改变的。人是要接受改变的。人如果没能经历过改变，将会抱憾终生了。改变是能够牵动人的情思的。改变当时只道是寻常，后来却是非常非常不寻常了。人对改变颇有依依难舍之感。改变会长留在人的记忆中。

改变能够把人造成一个新的人。改变能够使人大开眼界，增长见识。改变是幸福的。改变过了以后，才能有幸福，这是尽人皆知的常识。改变能够使人感觉到非常温暖，心里热热乎乎的。改变与人的命运息息相关。人的改变的过程实际上就是人的生活的过程。人的改变是美好的。人的改变是说不完道不完的。改变确确实实是存在的。

人的一生都是处在改变中的。人对改变有兴趣，是理所当然的。因此，人同改变发生联系，就是不可避免的了。人在改变时，人的心里是愉快的。人在改变时的情况确实是这个样子。改变能够给人留下深刻的印象。难道这不就是改变的真面目吗？改变能够给人一种奇特的美。改变能够让人回到现实。改变和现实是充满了矛盾的。据我看，改变是真正的美。

第二节　改变与境界

改变能够使人达到崇高的境界，改变有真正的拯救意义。

改变是珍贵的。改变留给人们的印象是永世难忘的。改变不但可以使人们怀念过去，而且可以使人们瞻望未来。改变能够把人们带到出神入化的境界。改变是同境界有联系的。现在人们之所以重视改变，还是由于改变的境界。这一点人们是能够理解的。

改变是非常美妙动人的。改变能够给人们留下深刻的印象。人们总是不肯离开改变。改变至今被人们视为稀世珍宝。改变对人们是有内容的，是有吸引力的。改变对人们的作用是不可估量的。人们真的是处在改变的历史中的。改变也真能让人忆念难忘。改变能够把人的心填得满满的。人在改变中不仅能够是高兴的，而且能够是感动的。

改变或许只是极为短暂的，转瞬即逝的。但是，在人们的心中，改变却是永恒的、常在的，改变能够温暖着人们的心。人们都从心眼里喜欢改变。改变的力量真可谓大矣。改变的情景，会不时飘到人的眼前，飘上人的心头。只有改变，才能真正体现出人的本质，才能真正体现出人的境界。人在改变中会遇到许多非常动人的事迹。从改变中，人能够体会到人对改变的深切的关怀。

改变是真实存在的。改变过去是这样的，现在仍然是这样的。这一点是丝毫不容怀疑的。改变是人的一生中难以忘怀的事情。人在改变中是充满了热情的。人对改变是有感情的。人们对改变不仅能够有历史的回忆，而且能够有现实的感受。改变有极高的境界。人们是能够经历改变的境界的。改变的境界就像是改变的影子一样，紧紧地跟随着改变。

人们在改变中看到的世界绝不是虚无缥缈的世界，而是活生生的现实世界。人们是能够深深地为改变的情景所感动的。在人们的心里是蕴藏着对改变的深情的。改变确实是有意义的。就让人永远改变吧。人是紧密地同改变联系在一起的。改变在人们心中的影响是存在的。就让改变永远留在人们的心中吧。

改变永远在人们的心中占有显著的地位。人们是能够意识到改变的重要性的。人们的改变的前途是充满了光明的。人们对于改变是应该珍惜的。只要有机会，人们就应该改变。改变给人的印象是异常美好、终生难忘的。人们是能够比较完整地认识改变的。人们在改变中是能够达到出神入化的境界的。改变是有道理的。

改变能够给人们带来宝贵的财富。人的一生就是在改变中度过的。改变是人的了不起的成就。改变的光芒能够长久地闪耀下去。改变在人的当时是难以避免的。改变是人能够体会到的。改变的道路并不总是平坦的，有阳关大道，也有独木小桥，曲曲折折，坎坎坷坷。在改变中，人们是可以学习到很多东西的。改变是异常珍贵的、超乎寻常的、神圣的。

改变是完全应该的。改变能够给人留下深远的影响。改变能够给人留下毕生难忘的印象，令人受益无穷。在人生的道路上，改变是一个至关重要的转折点。改变的时刻是人的一生里最愉快的时刻。改变是有根据的。人在改变中是有收获的。改变有外在原因，但主要是内在原因。人是能够在关键的时刻改变的。改变是确实存在的。改变能够给人留下可贵的记忆。

改变是由历史环境所造成的。改变是人的生活中不可或缺的一部分。人在改变时有自己的理想，有自己的目标。改变与人生是相符合的。改变能够使人充满盎然的生气。对人来说，在当时的环境下，改变是非常有利的。没有改变，人是取得不了那样多的成就的。人们是能够亲身体会到改变的境界的。人们往往是看到改变的意义时，才知道应该改变。

改变是能够成为事实的。改变能够给人一个回忆沉思的机会。改变是能够给人带来希望的。改变的任务是艰巨的。改变向来是会有结果的。改变是有道理的。改变是源远流长的，是根深蒂固的。改变是人人都必须做的。改变能由人自己来决定吗？人在改变时是有所悟的。在人的一生中，改变成了人的主要任务。人对改变是向往的，是始终未变的。

改变留给人的印象是非常好的。人常常感到，在改变中，自己是幸福的人。改变是能够实现的。季羡林在写于 1988 年 1 月 22 日的《悼念姜椿芳同志》一文中认为："我只是想，一个人只能有一次生命，我从来不相信轮回转生。既然如此，一个人就应该在这短暂的只有一次的生命中努力做一些对别人有益也无愧于自己的良心的事情，用一句文绉绉的话来说，就是实现自己生命的价值。能做到这一步，一生再短暂，也算是对得起这仅有的一次生命了。可惜的是，并不是每个人都能想到这一点，更不用说做到了。”[①]

第三节　改变与前景

人的改变能够决定人的前景。因此，改变能够给人留下非常美好的、毕生难忘的印象。人的希望有一部分就寄托在改变上。人对改变是有希望的。改变是人的发展的根本规律，是谁也否定不掉的。改变是由历史环境所决定的。人对改变是怀有崇高的敬意的。改变必有其不得已之处。改变是十分美好可爱的。改变能够影响人们的情绪。人对改变的感情是非常真实的。

人对改变感到非常亲切。改变与民族气质和思维方式有关。改变同接受传统的影响是分不开的。改变的意义是无穷的。改变是要继承优秀传统的。改变和传统是密不可分的。这一个非常简单明了的事实，非常值得人们去参悟。改变是有时代背景的。改变当然是很有吸引力的。改变是具有启发意义的。改变是任何人、任何事物都无法抗御的。改变的可能性是非常大的。

夷考其实，中外历史都证明了，哪一个国家能改变，哪一个时代能改变，那里和那时就昌盛，社会就发展。反之，社会就落后。历史事实和教训是无法抗御的。改变，古已有之。环

---

① 季羡林：《悼念忆：师友回忆录》，杭州：浙江人民出版社，2016 年，第 163 页。

境气氛是能够大大地改变的。改变，往往非人力所能定。改变能够对人的工作起着激励的作用。改变对人是大有帮助的。改变与人自己的努力是分不开的。改变能够照亮人前进的道路。

改变是人生存和发展的极明显的有利条件。改变极能发人深思。改变是有根据的。改变首先是由内因所决定的，外因的影响也绝不容忽视。世间万事万物都有一个原因或者根源。改变都有一个原因或者根源。我相信，许多人类历史上的问题，可以通过改变而得到解决。研究改变的发展规律，对人类发展史的研究，会有很大的帮助，这是不言而喻的。

改变归纳起来可以说有两方面：一方面是内在的改变；另一方面是外在的改变。改变之所以有这种情况，依笔者看，是跟改变的前景密切联系的。改变的事实对于研究改变有很大的启发。一切改变都是有原因的。改变能够反映人的真实情况。改变在人的生存和发展中是一个极其重要的因素。人是能够改变主意的。这个事实是非常有启发性的。

改变是情势使然。改变的势头可以一直维持下去。改变是一个社会现象，一个历史现象。改变的产生与发展受时代的政治、经济发展的制约。改变有其进步意义。改变是非常有意义的，非常有启发性的。人是要改变化的。改变是必要的。人对改变的态度是讲求实效的。改变是有根据的。改变是要慎重的。笔者认为，改变是一条阳关大道。人在改变中是会遇到困难的，最大的困难就是如何处理改变的问题。

改变能够给人很大的启发。改变能够帮助人除掉困难。人的想法是能够突然改变的。改变是有当时的水平的。人们对于改变的知识是与日俱增的。人们对于改变的了解是逐渐提高的。改变的谜是能够为人们解开的。人在改变中是能够获得不少的成绩的。人的改变的内容是异常丰富的。改变能够帮助人们了解人们自身的情况。只要人们善于利用改变，人们对人们的各方面的情况就能进一步深入了解。

改变对人来说是有决定性的作用的。人的改变是有来源的。实践对人的改变起着桥梁作用。实践与人的改变有着密切的关系。倘若能把改变的来源弄明白，改变的问题也自然就可以解决了。改变同实践是不能够分开的。改变实在是事出有因的。实践正是改变的来源。倘若人们按时间的先后来看改变，人们可以把改变分出阶段来。改变与实践有直接关系。

改变与时代有关系。人的一切都是从改变来的。人对改变是能够有一个十分合理的解释的。人在改变中是能够得到很好的成绩的。改变对人一定会有很大的帮助。改变总不会离事实太远。改变与事实之间一定有密切的关系。人是要有点改变的。改变本身是有优越的条件的。改变能够对人的前景产生极大的影响。人如果能对改变的愿望的实现尽上绵薄之力，那就是人最大的幸福了。

改变有地区性的差别。这是非常显而易见的。改变是属于社会现象的范畴的，改变是有规律的。随着改变，人逐渐改变化起来。人的一些特点在改变化的过程中保留了下来。人们的改变化的程度是有深有浅的。人要想改变，是非常困难的。改变是受到规律的制约而形成的。改变的事实终归是必须承认的。人的改变是渐进的，有一个从量变到质变的过程。人的改变与人的前景有密切的联系。人的改变有其社会根源，是政治和经济的发展所促成的。

第四节　小　　结

改变在人的生存和发展中起着极其重要的桥梁作用。由于环境关系，人接受了改变。改变对人意义极大。改变有待于人们的共同努力。改变与人必有联系，这是毫无疑问的。改变在人的生活中起关键性的媒介作用，这是很自然的。改变是有根有据，合情合理的。改变在人类历史上有相当重要的意义。在漫长的时间内，人类在改变中，获得了不少的知识，积累了不少的经验，创造出了灿烂的文化，这文化影响了人类，对世界文化宝库作出了巨大的贡献。改变在人类发展史上闪耀着不朽的光芒。

第三编

改变办什么

世界不会满足人，人决心以自己的行动来改变世界。

——〔俄〕列宁《哲学笔记》

第七章　改变的微观机制

要谈改变，最好是从改变的微观机制谈起。改变同人们的眼界越来越扩大密切相关。人们必然有所改变。改变是有规律的。改变的动力以内因为主，但外因也绝不可低估。动力既有历时的传统，又有并时的外来影响，二者交错，起了作用，斯有改变。

第一节　生理基础与改变

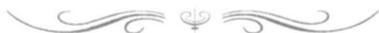

生理基础对改变起很大的作用。适应往往就意味着改变。人们必须根据新的环境改变自己一些特点以适应当时的需要。研究改变规律既要研究改变的必然性，又要研究改变的可能性。改变的必然性和改变的可能性既有联系又有区别。改变往往受多种因素制约，因而改变有多种可能性，由于改变是各种因素共同作用的结果，改变的有的可能性变成了改变的现实性，改变的有的可能性则没有变成改变的现实性。变成了改变的现实性的改变的可能性包含着改变的必然性，而没有变成改变的现实性的改变的可能性则仅仅是改变的可能性。因此，改变的必然性尽管以改变的可能性为前提，而改变的可能性却未必成为改变的必然性。改变的可能性是否成为改变的现实性，取决于改变的各种因素。改变的可能性能否实现，取决于改变的制约因素。

研究改变的规律不仅要研究改变的必然性，而且要研究改变的可能性。在研究改变的可能性时，要研究为什么有些改变的可能性能够成为改变的现实性，而有些改变的可能性不能成为改变的现实性，以及如何使改变的可能性成为改变的现实性。准确地说，把改变的规律仅仅理解为改变的必然性是不准确的。改变的规律有时只是指改变的可能性。如果把改变的规律理解为只是改变的必然性，那么，或者会把改变的可能性当成改变的现实性，或者会把改变的可能性否定掉。

对于改变的规律，有的人把改变的规律理解为改变的必然性，有的人又根本否认改变的可能性。这两种理解都是片面的。因此，在研究改变的规律时，人们不能把改变的规律只理解为改变的必然性，不能把改变的可能性排除在研究的范围之外。

第二节　心理基础与改变

心理基础对改变起很大的作用。改变的选择，是由心理因素，即人的主观意志来决定的。

瑞士心理学家和哲学家让·皮亚杰（Jean Piaget，1896—1980年）的发生认识论，从生物学，从儿童智力的各个年龄阶段的个体发展，从认识的起源一直追溯到科学思维的发展。让·皮亚杰的发生认识论从一个方面深入了对反映论的探讨。让·皮亚杰在写于1970年1月的《发生认识论原理·引言》中说道："这本书的内容是叙述一种认识论理论，这种认识论是自然主义的但又不是实证主义的；这种认识论引起我们对主体活动的注意但又不流于唯心论；这种认识论同样地以客体作为自己的依据，把客体看作一个极限（因此客体是不依赖于我们而存在的，但我们永远也不能完全达到它）；这种认识论首先是把认识看作是一种继续不断的建构：正是发生认识论的这后一个方面引起了最多的问题，也就是这些问题需要我们作出适当的叙述和充分的讨论。"[①]由此可见，发生认识论首先承认客体，并以客体为依据，但对认识活动中的主体活动给予了充分的注意。

让·皮亚杰在《发生认识论原理》中认为："认识既不是起因于一个有自我意识的主体，也不是起因于业已形成的（从主体的角度来看）、会把自己烙印在主体之上的客体；认识起因于主客体之间的相互作用，这种作用发生在主体和客体之间的中途，因而同时既包含着主体又包含着客体。"[②]让·皮亚杰在

① 〔瑞士〕皮亚杰：《发生认识论原理·引言》，王宪钿等译，胡世襄等校，北京：商务印书馆，1981年，第19—20页。

② 〔瑞士〕皮亚杰：《发生认识论原理》，王宪钿等译，胡世襄等校，北京：商务印书馆，1981年，第21页。

《发生认识论原理·引言》中认为："认识既不能看作是在主体内部结构中预先决定了的——它们起因于有效的和不断的建构；也不能看作是在客体的预先存在着的特性中预先决定了的，因为客体只是通过这些内部结构的中介作用才被认识的，并且这些结构还通过把它们结合到更大的范围之中（即使仅仅把它们放在一个可能性的系统之内）而使它们丰富起来。换言之，所有认识都包含有新东西的加工制作的一面，而认识论的重要问题就是使这一新材料的创造和下述的双重性事实符合一致，即在形式水平上，新项目一经加工制作出来就立即被必然的关系连结起来；在现实水平上，新项目，而且仅仅是新项目，才使客观性成为可能。"①

让·皮亚杰认为，认识不是天生的，认识来源于主体与客体之间的相互作用，来源于人们的活动。而人最初活动的形态是本能的。这种本能活动逐渐协调而构成格局或称图式，即习惯性动作。这种格局或称图式一旦形成，就会去改造周围环境。先是接受外来刺激，吸收外来影响，并加以同化，对刺激作出相应的反应。同化尚不能使格局或称图式改变或创新，只有通过自我调节才能起到这种作用。调节即顺应是指个体受到刺激或环境的作用和原有格局（即图式的）变化和创新以适应外界环境的过程。适应包括同化与顺应两种作用和机能，通过这种作用，认识结构不断发展，以适应新的环境。适应

① 〔瑞士〕皮亚杰：《发生认识论原理·引言》，王宪钿等译，胡世襄等校，北京：商务印书馆，1981年，第16页。

是智力的本质，通过同化与顺应，而达到相对平衡，平衡不是静止不动，而是一种状态、一种过程，通过机体与环境的相互作用，而达到新的平衡。平衡的不断发展，就是整个心理智能的发展过程。

但是，让·皮亚杰并不使用反映概念，并把辩证唯物主义反映论与机械唯物主义反映论等量齐观，从而使得让·皮亚杰的发生认识论不能很好地解决知识与客体何以能相一致的问题。虽然让·皮亚杰的发生认识论有一定的缺陷，但是从认识的根本方面，即认识论中的主客体关系方面，主体的能动性以及主体的具体功能方面，作了深入、有益的探索。人们完全可以利用让·皮亚杰的发生认识论的合理成分来丰富辩证唯物主义反映论。

第三节　文化基础与改变

改变不会是没有原因的。笔者将在下文仔细加以分析。改变能够反映出一些历史事实。改变是有历史的背景和文化的背景的。改变是在历史的背景和文化的背景下进行的。文化基础对改变起很大的作用。改变在人类历史上是一件大事，有深远的影响。因此，人们要对改变作比较详尽的论证。

毛泽东在写于 1940 年 1 月的《新民主主义论》中指示我们："中国应该大量吸收外国的进步文化，作为自己文化食粮的原料，这种工作过去还做得很不够。这不但是当前的社会主义文化和新民主主义文化，还有外国的古代文化，例如各资本主义国家启蒙时代的文化，凡属我们今天用得着的东西，都应该吸收。但是一切外国的东西，如同我们对于食物一样，必须经过自己的口腔咀嚼和胃肠运动，送进唾液胃液肠液，把它分解为精华和糟粕两部分，然后排泄其糟粕，吸收其精华，才能对我们的身体有益，决不能生吞活剥地毫无批判地吸收。所谓'全盘西化'[①]的主张，乃是一种错误的观点。形式主义地吸收外国的东西，在中国过去是吃过大亏的。中国共产主义者对于马克思主义在中国的应用也是这样，必须将马克思主义的普遍真理和中国革命的具体实践完全地恰当地统一起来，就是说，和民族的特点相结合，经过一定的民族形式，才有用处，决不能主观地公式地应用它。公式的马克思主义者，只是对于马克思主义和中国革命开玩笑，在中国革命队伍中是没有他们的位置的。中国文化应有自己的形式，这就是民族形式。民族的形式，新民主主义的内容——这就是我们今天的新文化。"[②]我们遵循这个指示，一方面重视我们自己国家的文化遗产，用取其精华、去其糟粕的精神来学习它、研究它；另一方面，我们也珍视其他国家的文化遗产，愿意虚心地学习其他国家的文化遗产中的精华，来丰富我们自己国家的社会主义文化。

---

① 所谓"全盘西化"，是一部分资产阶级学者的主张。他们主张中国一切东西都要完全模仿欧美资本主义国家。——引者注

② 《毛泽东选集》第2卷，北京：人民出版社，1991年，第706—707页。

第四节　理性因素与改变

理性因素对改变起很大的作用。

一、逻辑与改变

由于改变是有目的的，因此改变是顺理成章的。改变是有内因与外因的。只有内因，不成其为改变；只有外因，也不成其为改变。改变总是以内因为根据或基础，以外因为条件的。换句话说，改变是内因与外因的结合。内因与外因对于改变而言是缺一不可的。改变是促进人类社会进步的主要动力之一。没有改变，人类就没有进步，就没有今天世界上这样繁荣兴旺的社会。人们为了探索真理是能够改变的。

马克思在写于 1847 年上半年的《哲学的贫困》一书中谈到历史的逻辑时说道："历史是不能靠公式来创造的。"[①]马克思在《资本论》第 3 卷中指出："相同的经济基础——按主要条件来说相同——可以由于无数不同的经验的情况，自然条件，种族关系，各种从外部发生作用的历史影响等等，而在现象上显示出无穷无尽的变异和彩色差异，这些变异和差异只有通过对这些经验上已存在的情况进行分析才可以理解。"[②]

① 《马克思恩格斯选集》第 1 卷，北京：人民出版社，2012 年，第 244 页。
② 《资本论》第 3 卷，北京：人民出版社，2004 年，第 894—895 页。

恩格斯在 1890 年 8 月 5 日致康拉德·施米特（Conrad Schmidt，1863—1932 年）的信中说道："分配方式本质上毕竟要取决于有多少产品可供分配，而这当然随着生产和社会组织的进步而改变，从而分配方式也应当改变。但是，在所有参加辩论的人看来，'社会主义社会'并不是不断改变、不断进步的东西，而是稳定的、一成不变的东西，所以它应当也有个一成不变的分配方式。而合理的想法只能是：（1）设法发现将来由以开始的分配方式，（2）尽力找出进一步的发展将循以进行的总趋向。可是，在整个辩论中，我没有发现一句话是关于这方面内容的。"

"对德国的许多青年著作家来说，'唯物主义'这个词大体上只是一个套语，他们把这个套语当做标签贴到各种事物上去，再不作进一步的研究，就是说，他们一把这个标签贴上去，就以为问题已经解决了。但是我们的历史观首先是进行研究工作的指南，并不是按照黑格尔学派的方式构造体系的杠杆。必须重新研究全部历史，必须详细研究各种社会形态的存在条件，然后设法从这些条件中找出相应的政治、私法、美学、哲学、宗教等等的观点。在这方面，到现在为止只做了很少的一点工作，因为只有很少的人认真地这样做过。在这方面，我们需要人们出大力，这个领域无限广阔，谁肯认真地工作，谁就能做出许多成绩，就能超群出众。"[①]对于人们来说，

① 《马克思恩格斯选集》第 4 卷，北京：人民出版社，2012 年，第 599 页。

恩格斯的这两段话有其特殊意义。

人们学习马克思改变观和恩格斯改变观，主要的也是学习马克思改变观和恩格斯改变观的观察问题、分析问题的方法，而不是要拘泥于每一个具体的结论。教条主义只是懒汉的方法，是与马克思主义改变观不相容的。

二、知识与改变

知识对于改变所起的推动作用，是难以估量的。知识能够使人具有远大的眼光和广阔的胸怀。改变与知识是分不开的。不管怎样，到了后来，改变能够达到很高的水平。改变不仅具有民族性，而且具有时代性。改变的民族性和改变的时代性有矛盾但又统一。

三、方法与改变

季羡林在 1990 年 12 月 17 日写毕的《陈寅恪先生百年诞辰纪念论文集·序》中谈到治学方法时说道："对一个学者来说，治学方法是至关重要的。可惜在今天的学术界难得解人矣。我不认为，我们今天的学风是完美无缺的。君不见，在'学者'中，东抄西抄者有之，拾人牙慧者有之，不懂装懂者有之，道听途说者有之，沽名钓誉者有之，哗众取宠者有之，脑袋中空立一论，不惜歪曲事实以求'证实'者更有之。这样的'学者'就是到死也不懂什么叫治学方法。"[①]

① 季羡林：《中国文化与东方文化》，北京：新世界出版社，2017 年，第 276 页。

方法是改变的重要部分。往往从方法入手，会使人发生改变。方法往往可以影响改变。方法往往可以影响实质。方法不同，方向也就不同了。方法改变，方向也就改变了。人必然可以找到改变的方法。方法对人的改变，应该说是起了滋养作用的。所以，应该把方法放在人的改变的总框架里。对一个人来说，改变的方法是至关重要的。

第五节　非理性因素与改变

非理性因素对改变起很大的作用。

一、好奇与改变

人对改变是有好奇心的。人的改变是有动机的。动机推动着改变。所以，改变离不开动机。动机当然是影响改变的，不过改变不仅受动机的影响，还受其他许多因素的影响，包括经济的因素、社会的因素、政治的因素、技术的因素、生理的因素、心理的因素等。所以，研究改变也不是单纯地研究主观因素。另外，在研究改变规律时，如果看不到各种主观因素的影响，那也是片面的。强调好奇在改变中具有重要性，这是符合改变规律的。改变是存在客观规律的。改变与改变的内部条件和外部条件之间确是存在着内在联系的，这就是改变的规律性。人们是要研究改变的规律性的。因此，人们是不能否认改变的规律性的。

二、需要与改变

在一定的时期内，人确有改变的需要。人为了满足改变的需要，就要付出劳动，作出努力。这些劳动和努力与社会生产力的发展是密切联系的。时代变了，改变的发展阶段变了，因此，对改变的要求，也必然随之而变。改变的需要是改变的动力。改变完全取决于时代的需要。时代不停地变化，改变的标准也不能一成不变。

列宁在写于1895—1916年的《哲学笔记》中指出：“‘善’是‘对外部现实性的要求’，这就是说，‘善’被理解为人的实践=要求（1）和外部现实（2）。”[①]也就是说，人的实践是人的社会需要与客观现实的条件之间的关系以活动的形式而实现着的动态关系。因此，作为社会主体的人对外在客体的需要，必须通过实践才能得到满足。人的目的，即人所自觉追求的目标，只有通过实践才能得到实现。而只有科学认识指导的实践，才能取得成功。而科学认识是不能脱离需要导向的。

三、愿望与改变

改变的发展规律是：用越来越少的身心两个方面的努力得到越来越大、越来越多的改变的满足。改变是由客观环境而定

① 《列宁全集》第55卷，北京：人民出版社，2017年，第183页。

的。需改变则必改变，不需则否。改变不能由个人的主观愿望而定。

人总是不满足于现实的存在，总是要超越现实去创造自己的未来。人对于现存的现实的不满、对现实状况与理想不相适应的意识，使人产生了改变现实世界的愿望。愿望是人改变现实世界的精神动力。

马克思和恩格斯在《德意志意识形态》一书中指出："对实践的唯物主义者即共产主义者来说，全部问题都在于使现存世界革命化，实际地反对并改变现存的事物。"①

列宁在写于 1895—1916 年的《哲学笔记》中指出："世界不会满足人，人决心以自己的行动来改变世界。"②

四、情感与改变

改变与情感是有密切联系的。情感是一种社会性的精神现象。因为情感总是寓于一定社会成员身上的一种心理活动，所以情感具有强烈的社会倾向性。人们的社会关系制约着人们的情感，人们的情感不能不具有社会的、阶级的特性。马克思在写于 1851 年 12 月中至 1852 年 3 月 25 日的《路易·波拿巴的雾月十八日》一书中，曾把情感和思想并列，而把情感归入上层建筑。因此，人们应该把情感放到人们所处的社会关系中去

① 《马克思恩格斯选集》第 1 卷，北京：人民出版社，2012 年，第 155 页。
② 《列宁全集》第 55 卷，北京：人民出版社，2017 年，第 183 页。

判断，否则就不易认识情感的本来面目。

五、意志与改变

改变的发展是一种历史的必然，是不以人的意志为转移的。

马克思在写于 1845 年春的《关于费尔巴哈的提纲》笔记中的第一条说道："从前的一切唯物主义（包括费尔巴哈的唯物主义）的主要缺点是：对对象、现实、感性，只是从客体的或者直观的形式去理解，而不是把它们当做感性的人的活动，当做实践去理解，不是从主体方面去理解。因此，和唯物主义相反，唯心主义却把能动的方面抽象地发展了，当然，唯心主义是不知道现实的、感性的活动本身的。费尔巴哈想要研究跟思想客体确实不同的感性客体，但是他没有把人的活动本身理解为对象性的〔gegenständliche〕活动。因此，他在《基督教的本质》中仅仅把理论的活动看做是真正人的活动，而对于实践则只是从它的卑污的犹太人的表现形式去理解和确定。因此，他不了解'革命的'、'实践批判的'活动的意义。"①

马克思批判了旧唯物主义的主要缺陷，阐明了实践是感性的、客观的物质活动。旧唯物主义不了解社会实践的作用。旧唯物主义只看到客观对象、周围的自然作用于人，而忽视了人也作用于客观对象，作用于周围的自然，能够能动地改造和利

① 《马克思恩格斯选集》第 1 卷，北京：人民出版社，2012 年，第 133 页。

用自然，为自己的生存和发展创造条件。这样，旧唯物主义就无条件地把人隶属对象、自然，用感性直观取代了社会物质实践。实际上，由于这种直观的唯物主义所理解的客观对象、周围的自然是外在于人的社会实践的，因此，它们在现实中是不存在的，至多只存在于史前社会中。

一方面，旧唯物主义排除了社会实践，只是以直观的形式去理解客观对象，理解事物、现实和感性，忽视和否认人的能动作用而走向了片面；另一方面，人的能动作用特别是意识的能动作用却被唯心主义抽象地加以发展了。唯心主义肯定人的意识具有能动作用，但却将意识的作用无限地加以夸大，以致否认意识产生的物质根源以及意识发挥作用的物质前提条件，又走向了另一片面。在近代哲学史上，唯心主义对意识的能动作用的肯定和夸大，最突出的是德国古典哲学，这在黑格尔哲学那里得到了最充分的体现。黑格尔集历史上唯心主义哲学之大成，把人的观念、思维、精神描绘成一种客观地决定自然和人类历史发展的“绝对理念”。同时，黑格尔虽然也曾提到过“实践”的概念或范畴，但黑格尔并没有科学地理解实践活动，也没有揭示出真正的、现实的感性活动的本质。黑格尔虽然对“劳动”概念进行了一些阐述，但黑格尔对这一概念主要是从精神性方面来加以理解和界定的。

费尔巴哈同一切旧唯物主义者一样，没有把人的活动、人的社会实践本身理解为一种现实的和感性的客观活动。费尔巴哈只是把人的理论活动看作真正的人的活动，而对于人的物质实践活动，则把它偏狭地理解为犹太人的利己主义的日常生活行为，并加以否定。因此，费尔巴哈也明确诉诸“感性直观”，把客观对象、感性实体仅仅作为直观的对象看待，并且认为客观对象是主动的，人是受动的。

马克思通过对包括费尔巴哈在内的旧唯物主义的主要缺陷的批判所表述的一个核心论点是：实践是一种真正现实的、客观的感性活动。人们必须把实践纳入对事物、现实和感性实体等诸种客观对象的本质的理解中去。

马克思在《关于费尔巴哈的提纲》笔记的最后说道：“哲学家们只是用不同的方式解释世界，而问题在于改变世界。”[①]过去的一切哲学在于解释世界，而新的哲学在于改变世界。马克思阐明了新旧唯物主义的不同的历史使命。马克思从哲学所担负的历史任务的角度，对新旧唯物主义的本质区别做了一个最后归结。

由于以往的哲学家不懂得实践在人类社会发展中的地位和作用，不懂得社会生活在本质上是实践的，由于以往的哲学家们的阶级局限性，等等，这决定了以往的哲学家只能停留在思想领域，用不同的方式解释世界，而不可能提出将理论转变为革命实践的要求。这在费尔巴哈那里得到了明显的体现。马克思和恩格斯在《德意志意识形态》一书中指出：费尔巴哈“和

① 《马克思恩格斯选集》第 1 卷，北京：人民出版社，2012 年，第 140 页。

其他的理论家一样，他只是希望确立对现存的事实的正确理解，然而一个真正的共产主义者的任务却在于推翻这种现存的东西”[①]。

与旧的、直观的唯物主义相反，马克思创立的新唯物主义，是一种具有实践性的唯物主义，它服从和服务于无产阶级改变现实的斗争。因此，马克思和恩格斯在《德意志意识形态》一书中说道：“对实践的唯物主义者即共产主义者来说，全部问题都在于使现存世界革命化，实际地反对并改变现存的事物。”[②]

毛泽东在《实践论》一文中说道：“马克思主义的哲学认为十分重要的问题，不在于懂得了客观世界的规律性，因而能够解释世界，而在于拿了这种对于客观规律性的认识去能动地改造世界。”[③]

列宁在《哲学笔记》中指出：“世界不会满足人，人决心以自己的行动来改变世界。”[④]人在改变现实世界的过程中，也改变着自己。

列宁在《哲学笔记》中说道：“智慧（人的）对待个别事物，对个别事物的复制（=概念），不是简单的、直接的、照镜子那样死板的行为，而是复杂的、二重化的、曲折的、有

① 《马克思恩格斯选集》第1卷，北京：人民出版社，2012年，第177页。
② 《马克思恩格斯选集》第1卷，北京：人民出版社，2012年，第155页。
③ 《毛泽东选集》第1卷，北京：人民出版社，1991年，第292页。
④ 《列宁全集》第55卷，北京：人民出版社，2017年，第183页。

可能使幻想脱离生活的行为；不仅如此，它还有可能使抽象概念、观念向幻想（最后=上帝）转变（而且是不知不觉的、人所意识不到的转变）。因为即使在最简单的概括中，在最基本的一般观念（一般‘桌子’）中，都有一定成分的幻想。（反过来说，就是在最精确的科学中，否认幻想的作用也是荒谬的：参看皮萨列夫论推动工作的有益的幻想以及空洞的幻想。）”①

事物是一种客观存在，但是事物一旦进入实践，就进入了主体的把握之中，就不再成为纯客观的东西，就不再成为纯客观的现实。人在把握现象、事物的过程中，绝不是一面僵死的镜子。人对事物的描述与认识，并不是僵死的认识，而是加入了主观因素的认识。人对事物的描述与认识，会成为曲折的、二重化的认识。当主观因素进入认识过程时，主观因素中的十分突出的幻想，发生着积极的作用。这时主体使用的概念，会向幻想转变。认识是一种创造活动，创造新的现实的活动。

六、想象与改变

改变与想象是有密切联系的。人在改变的过程中是能够发挥自己的想象力的。改变是受想象力的制约的。人有各种各样的想象，而且想象是不断变化发展的。每种想象都会使人发生

① 《列宁全集》第 55 卷，北京：人民出版社，2017 年，第 317 页。

相应的改变。因此，人的改变是多种多样的，而且每种改变都会有特定的目的。在人的多种多样的改变中，内心的改变是最基本的改变。因此，人们完全有理由说内心的改变是人的根本改变。也就是说，内心的改变不仅是人的改变，而且是人的根本改变。

七、理想与改变

改变与理想是有密切联系的。改变是受理想的制约的。理想有不少层次，改变也有不少层次。改变的层次是受理想的层次的制约的。人有各种各样的理想，而且理想是不断变化发展的。每种理想都会使人发生相应的改变。

八、信念与改变

改变与信念是有密切联系的。苏联作家尼·奥斯特洛夫斯基（Н. Островский，1904—1936 年）在他的名著《钢铁是怎样炼成的》中，为读者留下了这样的名言："人最宝贵的是生命。生命每个人只有一次。人的一生应当这样度过：当回忆往事的时候，他不会因为虚度年华而悔恨，也不会因为碌碌无为而羞愧；在临死的时候，他能够说：'我的整个生命和全部精力，都已经献给了世界上最壮丽的事业——为人类的解放而斗争。'人应当赶紧地、充分地生活，因为意外的疾病或悲惨的事故随时都可以突然结束他的生命。”[①]一个人临死的时候，当他回首往事时，他不应该为自己的一生感到后悔，也不因自己碌碌无为、虚度光阴而感到羞耻。这段话是该书的灵魂所在。一个人应在临终时毫无愧色地说：他已将自己的全部生命献给了人类最壮丽的事业——共产主义。这无疑是高尚信念的流露，同时又是明白不过的革命改变观的显现，这时信念与改变是浑然一体、不可分割的，同时由于高尚的信念与改变而震撼人们的心灵。人需要信念。一个人的生命存在为世界增添光彩，这样他才不枉来世界一趟。

第六节　小　结

改变的局部可以反映改变的整体。改变是一个渐进的过程，改变是分阶段的，绝不会是一蹴而就的。改变对人的影响，表现在两个方面：一是方式上的影响；二是内容上的影响。有不少改变是人们共同有的。改变是永久的，即使时过境迁，改变的影响依然会存在。人们从改变中能够吸取有益的营养。改变，已有多年的历史，内容也相当丰富。改变是人们生活中一件很有意义的大事。改变无所不在。不管人们意识到与否，人们今天的生活，不管是物质的生活，还是精神的生活，

① 〔苏联〕尼·奥斯特洛夫斯基：《钢铁是怎样炼成的》，梅益译，北京：人民文学出版社，1995 年，第 278 页。

无一不与改变有关。改变是多层次、多角度的改变。改变无时不在。改变是推动人类发展的重要因素。没有这一个因素，人类的进步是无法想象的。改变是有其自身的规律的。对改变的理解和认识，对任何人来说，都有一个过程。改变对于人是有无比重要的贡献的。

第八章　改变的宏观机制

改变是由改变的环境所决定的。改变对人类所起的作用是不可计量的。改变看起来很平凡，但实际上却有非常重大的意义。改变能够适应社会发展的规律。改变对人有重要的作用。改变是发展的大势所趋。由此可见，改变，实为适应发展之需要的。改变能够给人们留下深刻的印象。改变能够扩大人们的眼界。人们是重视改变的情况和过程的。人们对于改变是有十分明确的目的性的。改变是时代潮流所致的。改变问题是一个非常现实的问题。改变当然有它的道理。改变是有世界的意义的。改变促进了人类的发展，推动了社会的前进。改变能够给人提供有利的条件。瞻望前途，我们充满了无限的信心。改变的特点取决于发展的特点。改变能给人以整体概念和整体印象。改变对于人会有很大的帮助。

改变是受历史规律所制约的。人的改变的生成和发展，不仅取决于人是否拥有从事改变活动的本质力量，而且取决于社会历史条件，取决于社会历史条件提供给人的改变活动的时间和空间。因此，人的改变的生成和发展是具有社会历史性的。

人只有在改造外部世界的同时也改变着自身，才能得到全面的发展。人只有通过自身的发展更有效地改造自然和社会，自然和社会才能得到全面的进步。人的改变的发展，是在许多社会因素的相互作用中实现的。人的改变不仅依赖于现有的社会生产力，而且受社会生产关系的制约。人的改变不仅受经济基础的制约，而且受上层建筑的制约。从宏观上说，即从根本上说，人们怎样才能充分改变呢？人们怎样才能为充分改变创造条件呢？人们对于改变的宏观机制是需要正确理解的。

第一节　生产力与改变

在人类历史上，生产力的发展至关重要。改变与生产力密切相关。改变能够促进生产力的提高。改变有利于生产力的发展。改变对于生产力的发展有极其重要的意义。可见改变在生产力中占有重要地位。改变的内容是十分丰富的。没有生产力的发展，人类想要过上好生活是不可能的。共产主义的最终目标是让大家共同过上好生活，这与生产力密切相关。

马克思和恩格斯在《德意志意识形态》一书中对唯物主义历史观的基本特征作了概括，马克思和恩格斯指出：“这种历史观就在于：从直接生活的物质生产出发阐述现实的生产过程，把同这种生产方式相联系的、它所产生的交往形式即各个不同阶段上的市民社会理解为整个历史的基础，从市民社会作为国家的活动描述市民社会，同时从市民社会出发阐明意识的所有各种不同的理论产物和形式，如宗教、哲学、道德等等，而且追溯它们产生的过程。这样做当然就能够完整地描述事物了（因而也能够描述事物的这些不同方面之间的相互作用）。[①]这种历史观和唯心主义历史观不同，它不是在每个时代中寻找某种范畴，而是始终站在现实历史的基础上，不是从观念出发来解释实践，而是从物质实践出发来解释各种观念形态，由此也就得出下述结论：意识的一切形式和产物不是可以通过精神的批判来消灭的，不是可以通过把它们消融在'自我意识'中或化为'怪影'、'幽灵'、'怪想'[②]等等来消灭的，而只有通过实际地推翻这一切唯心主义谬论所由产生的现实的社会关系，才能把它们消灭；历史的动力以及宗教、哲学和任何其他理论的动力是革命，而不是批判。这种观点表明：历史不是作为'源于精神的精神'消融在'自我意识'[③]中而告终的，历史的每一阶段都遇到一定的物质结果，一定的生产力总和，人对自然以及个人之间历史地形成的关系，都遇到前一代传给后一代的大量生产力、资金和环境，尽管一方面这些生产力、资金和环境为

① 马克思加了边注："费尔巴哈"。——引者注

② 麦·施蒂纳《唯一者及其所有物》（1845 年莱比锡版）一书中的用语。——引者注

③ 布·鲍威尔《评路德维希·费尔巴哈》一文中的用语。——引者注

新的一代所改变，但另一方面，它们也预先规定新的一代本身的生活条件，使它得到一定的发展和具有特殊的性质。由此可见，这种观点表明：人创造环境，同样，环境也创造人。每个个人和每一代所遇到的现成的东西：生产力、资金和社会交往形式的总和，是哲学家们想象为'实体'和'人的本质'的东西的现实基础，是他们加以神化并与之斗争的东西的现实基础，这种基础尽管遭到以'自我意识'和'唯一者'的身份出现的哲学家们的反抗，但它对人们的发展所起的作用和影响却丝毫也不因此而受到干扰。各代所遇到的这些生活条件还决定着这样的情况：历史上周期性地重演的革命动荡是否强大到足以摧毁现存一切的基础；如果还没有具备这些实行全面变革的物质因素，就是说，一方面还没有一定的生产力，另一方面还没有形成不仅反抗旧社会的个别条件，而且反抗旧的'生活生产'本身、反抗旧社会所依据的'总和活动'的革命群众，那么，正如共产主义的历史所证明的，尽管这种变革的观念已经表述过千百次，但这对于实际发展没有任何意义。"①

马克思和恩格斯阐明了社会存在决定社会意识这一唯物史观的出发点，论证了研究现实的人的活动和他们的物质生活条件是科学历史观的前提，指出了这种历史观就在于：从直接生活的物质生产出发来考察现实的生产过程，并把同这种生产方式相联系的、它所产生的交往形式理解为整个历史的基础，同

① 《马克思恩格斯选集》第1卷，北京：人民出版社，2012年，第171—173页。

时由此出发来阐明意识的各种理论产物和形式，如宗教、哲学、道德等，并追溯它们的产生过程。因此，唯物主义历史观和唯心主义历史观不同，它不是在每个时代中寻找某些范畴，而是始终站在现实历史的基础上，不是从观念出发来解释实践，而是从物质实践出发来解释各种观念形态。马克思和恩格斯论述了物质生产在人类历史发展中的决定作用，论述了生产力与交往形式的矛盾运动，指出了人类第一个历史活动是生活资料的生产，即物质生活本身的生产；生产力制约交往形式，随着生产力的发展，原来与生产力相适应的交往形式成为生产力发展的桎梏，从而必然由新的交往形式来代替，“一切历史冲突都根源于生产力和交往形式之间的矛盾”，这种矛盾“每一次都不免要爆发为革命”。[①]

马克思和恩格斯从生产力和交往形式的矛盾运动中揭示了人类历史发展的一般规律，论证了共产主义取代资本主义的历史必然性，提出了无产阶级夺取政权、消灭私有制、建设新社会并在斗争实践中改造自己的任务。马克思和恩格斯指出：“对实践的唯物主义者即共产主义者来说，全部问题都在于使现存世界革命化，实际地反对并改变现存的事物。”马克思和恩格斯强调未来新社会的创建一方面“是以生产力的巨大增长和高度发展为前提的”，“如果没有这种发展，那就只会有贫穷、极端贫困的普遍化；而在极端贫困的情况下，必须重新开始争取必

① 《马克思恩格斯选集》第 1 卷，北京：人民出版社，2012 年，第 196 页。

需品的斗争，全部陈腐污浊的东西又要死灰复燃”；另一方面要以同生产力的普遍发展相联系的世界交往为前提，共产主义是无产阶级的事业，这个事业“只有作为‘世界历史性的’存在才有可能实现”。马克思和恩格斯还指出，共产主义将消灭旧的分工造成的限制，使每个人的才能得到自由全面的发展；到那时，单个人才能摆脱种种民族局限和地域局限，在历史完全转变为世界历史的进程中真正获得解放。①

马克思后来在写于1859年1月的《〈政治经济学批判〉序言》中对历史唯物主义原理作了经典表述，他说道：“人们在自己生活的社会生产中发生一定的、必然的、不以他们的意志为转移的关系，即同他们的物质生产力的一定发展阶段相适合的生产关系。这些生产关系的总和构成社会的经济结构，即有法律的和政治的上层建筑竖立其上并有一定的社会意识形式与之相适应的现实基础。物质生活的生产方式制约着整个社会生活、政治生活和精神生活的过程。不是人们的意识决定人们的存在，相反，是人们的社会存在决定人们的意识。社会的物质生产力发展到一定阶段，便同它们一直在其中运动的现存生产关系或财产关系（这只是生产关系的法律用语）发生矛盾。于是这些关系便由生产力的发展形式变成生产力的桎梏。那时社会革命的时代就到来了。随着经济基础的变更，全部庞大的上

① 《马克思恩格斯选集》第1卷，北京：人民出版社，2012年，第155、166—167页。

层建筑也或慢或快地发生变革。在考察这些变革时，必须时刻把下面两者区别开来：一种是生产的经济条件方面所发生的物质的、可以用自然科学的精确性指明的变革，一种是人们借以意识到这个冲突并力求把它克服的那些法律的、政治的、宗教的、艺术的或哲学的，简言之，意识形态的形式。我们判断一个人不能以他对自己的看法为根据，同样，我们判断这样一个变革时代也不能以它的意识为根据；相反，这个意识必须从物质生活的矛盾中，从社会生产力和生产关系之间的现存冲突中去解释。无论哪一个社会形态，在它所能容纳的全部生产力发挥出来以前，是决不会灭亡的；而新的更高的生产关系，在它的物质存在条件在旧社会的胎胞里成熟以前，是决不会出现的。所以人类始终只提出自己能够解决的任务，因为只要仔细考察就可以发现，任务本身，只有在解决它的物质条件已经存在或者至少是在生成过程中的时候，才会产生。大体说来，亚细亚的、古希腊罗马的、封建的和现代资产阶级的生产方式可以看做是经济的社会形态演进的几个时代。资产阶级的生产关系是社会生产过程的最后一个对抗形式，这里所说的对抗，不是指个人的对抗，而是指从个人的社会生活条件中生长出来的对抗；但是，在资产阶级社会的胎胞里发展的生产力，同时又创造着解决这种对抗的物质条件。因此，人类社会的史前时期就以这种社会形态而告终。”①

① 《马克思恩格斯选集》第 2 卷，北京：人民出版社，2012 年，第 2—3 页。

马克思科学地阐明了生产力决定生产关系、经济基础决定上层建筑、人们的社会存在决定人们的社会意识等历史唯物主义的基本原理，通过对生产力和生产关系、经济基础和上层建筑的矛盾运动的分析，揭示了人类社会发展的一般规律和经济的社会形态演进的一般进程，论证了旧的社会形态为新的更高的社会形态所取代的历史必然性，同时指出："无论哪一个社会形态，在它所能容纳的全部生产力发挥出来以前，是决不会灭亡的；而新的更高的生产关系，在它的物质存在条件在旧社会的胎胞里成熟以前，是决不会出现的。"[①]

恩格斯在写于1876年9月至1878年6月的《反杜林论（欧根·杜林先生在科学中实行的变革）》一书中谈到改变的原因时说道："唯物主义历史观从下述原理出发：生产以及随生产而来的产品交换是一切社会制度的基础；在每个历史地出现的社会中，产品分配以及和它相伴随的社会之划分为阶级或等级，是由生产什么、怎样生产以及怎样交换产品来决定的。所以，一切社会变迁和政治变革的终极原因，不应当到人们的头脑中，到人们对永恒的真理和正义的日益增进的认识中去寻找，而应当到生产方式和交换方式的变更中去寻找；不应当到有关时代的哲学中去寻找，而应当到有关时代的经济中去寻找。对现存社会制度的不合理性和不公平、对'理性化为无稽，幸福变成苦痛'[②]的日益觉醒的认识，只是一种征兆，表示

① 《马克思恩格斯选集》第2卷，北京：人民出版社，2012年，第3页。

② 见歌德《浮士德》第1部第4场《书斋》。——引者注

在生产方法和交换形式中已经不知不觉地发生了变化，适合于早先的经济条件的社会制度已经不再同这些变化相适应了。同时这还说明，用来消除已经发现的弊病的手段，也必然以或多或少发展了的形式存在于已经发生变化的生产关系本身中。这些手段不应当从头脑中发明出来，而应当通过头脑从生产的现成物质事实中发现出来。”[①]存在决定思维，而不是思维决定存在。社会的改变首先应到社会的经济基础中去寻找，而不应到思维方式中去寻找。

列宁在写于 1918 年 4 月的《苏维埃政权的当前任务》一文中说道：“在任何社会主义革命中，当无产阶级夺取政权的任务解决以后，随着剥夺剥夺者及镇压他们反抗的任务大体上和基本上解决，必然要把创造高于资本主义的社会结构的根本任务提到首要地位，这个根本任务就是：提高劳动生产率，因此（并且为此）就要有更高形式的劳动组织。”[②]

列宁在写于 1921 年 12 月 30 日至 1922 年 1 月 4 日的《关于工会在新经济政策条件下的作用和任务的提纲草案》一文中认为：“无产阶级取得国家政权以后，它的最主要最根本的需要就是增加产品数量，大大提高社会生产力。”[③]

社会主义经济归根到底是制约着社会主义发展的。没有强大的物质基础，社会主义制度就不能巩固。没有高度发展的生

① 《马克思恩格斯选集》第 3 卷，北京：人民出版社，2012 年，第 654—655 页。
② 《列宁选集》第 3 卷，北京：人民出版社，2012 年，第 490 页。
③ 《列宁选集》第 4 卷，北京：人民出版社，2012 年，第 623 页。

产力，社会主义就不能取得完全的、彻底的胜利。消灭资本主义、建设社会主义的最根本的原因在于资本主义生产关系已经阻碍了生产力的发展，只有建立社会主义生产关系才能解放生产力和迅速发展生产力。无产阶级在夺取政权并建立社会主义生产关系以后，有必要也有可能高速发展生产力，迅速实现现代化。

第二节　生产关系与改变

改变有非常悠久的历史，而且与生产关系有着千丝万缕的联系。人类社会之所以能够不断地进步，改变是有一份功劳的。只有建立在牢固的基础上的、有充分的扎实的事实根据的改变，才是真正的改变。马克思主义之所以主张消灭资本主义、建设社会主义，最根本的原因在于资本主义生产关系已经阻碍了生产力的发展，只有建立社会主义生产关系才能解放生产力和迅速发展生产力。无产阶级在夺取政权并建立社会主义生产关系以后，有必要也有可能高速发展生产力，迅速实现现代化。

马克思在根据1847年12月下半月所作的演说写成的《雇佣劳动与资本》一书中明确地指出："各个人借以进行生产的社会关系，即社会生产关系，是随着物质生产资料、生产力的变化和发展而变化和改变的。生产关系总合起来就构成所谓社会关系，构成所谓社会，并且是构成一个处于一定历史发展阶段上的社会，具有独特的特征的社会。古典古代社会、封建社会和资产阶级社会都是这样的生产关系的总和，而其中每一个生产关系的总和同时又标志着人类历史发展中的一个特殊阶段。”[①] 也就是说，生产关系的总和不仅构成特定的社会，而且还可以进一步确定社会的基本特征和历史发展阶段。马克思主义者坚持以生产关系的总和来划分社会形态和社会发展阶段。

马克思创立了社会形态学说，并以社会形态学说来说明人类社会的进步是社会形态的更替和发展的有规律的历史过程。马克思在《路易·波拿巴的雾月十八日》中最早把“社会形态”当作一个范畴来使用。[②]马克思在写于 1857 年底至 1858 年 5 月的《政治经济学批判（1857—1858 年手稿）》中把资本主义作为一个特殊的社会形态，同资本主义以前的各社会形态和未来的共产主义社会形态进行比较研究，并在此基础上将整个人类社会发展分为三个互相更替和递进的社会形式。马克思说道：“人的依赖关系（起初完全是自然发生的），是最初的社会形式，在这种形式下，人的生产能力只是在狭小的范围内和孤立的地点上发展着。以物的依赖性为基础的人的独立性，是第二大形式，在这种形式下，才形成普遍的社会物质变换、全面的关系、多方面的需要以及全面的能力的体系。建立在个人全面发展和他们共同的、社会的生产能力成为从属于他们的社会财

① 《马克思恩格斯选集》第 1 卷，北京：人民出版社，2012 年，第 340 页。
② 《马克思恩格斯选集》第 1 卷，北京：人民出版社，2012 年，第 669 页。

富这一基础上的自由个性，是第三个阶段。第二个阶段为第三个阶段创造条件。”①

人类社会的历史发展具有统一性，三大社会形式及其对应的三大经济形式（自然经济、商品经济和产品经济）是不可逾越的，但这并不排除各民族和地区具体发展途径或形式的差异性。马克思在《政治经济学批判（1857—1858 年手稿）》之“资本主义生产以前的各种形式”一节中，把亚细亚的所有制形式（即古代印度、中国等东方国家的所有制形式）、古代的所有制形式（即奴隶制占主导地位以前的希腊、罗马的所有制形式）和日耳曼的所有制形式（即封建化以前的日耳曼公社所有制形式）列为以自然经济为基础的第一大社会形式中的三种不同类型的所有制形式。马克思在“日耳曼的所有制形式”这一小节中，特别把三种所有制形式的异同及其演进的趋势作了比较研究。马克思说道：“劳动的个人，即自给自足的公社成员，对他们劳动的自然条件的所有制的第三种形式，是日耳曼的所有制。在这种所有制形式下，公社成员本身既不像在东方特有的形式下那样是共同财产的共有者（在财产仅仅作为公社财产而存在的地方，单个成员本身只是一块特定土地的占有者，或是继承的，或不是继承的，因为财产的每一小部分都不属于任何单独的成员，而属于作为公社的直接成员的人，也就是说，属于同公社直接统一而不是同公社有别的人。因此，这种单个

① 《马克思恩格斯文集》第 8 卷，北京：人民出版社，2009 年，第 52 页。

的人只是占有者。只有公共财产，只有私人占有。对公共财产的这种占有方式可以发生十分不同的历史的、地域的等等变化，这要看劳动本身是由每一个私人占有者孤立地进行，还是由公社来规定或由凌驾于各个公社之上的统一体来规定）；也不像罗马的、希腊的（简言之，古典古代的）形式下那样，土地为公社所占领，是罗马的土地；一部分土地留给公社本身支配，而不是由公社成员支配，这就是各种不同形式的公有地；另一部分则被分割，而每一小块土地由于是一个罗马人的私有财产，是他的领地，是实验场中属于他的一份，因而都是罗马的土地；但他之所以是罗马人，也只是因为他在一部分罗马的土地上享有这样的主权。”①

马克思在《政治经济学批判（1857—1858 年手稿）》中，有时又把第一大社会形式中的所有制形式分为四种不同的类型。马克思谈到财产时说道：“财产最初（在它的亚细亚的、斯拉夫的、古代的、日耳曼的形式中）意味着，劳动的（进行生产的）主体（或再生产自身的主体）把自己的生产或再生产的条件看做是自己的东西这样一种关系。因此，它也将依照这种生产的条件而具有种种不同的形式。”②也就是说，财产最初意味着，劳动的（进行生产的）主体（或再生产自身的主体）把自己的生产或再生产的条件看作自己的东西这样一种关系。因此，它也将依照这种生产的条件而具有种种不同的形式，如亚

① 《马克思恩格斯文集》第 8 卷，北京：人民出版社，2009 年，第 129—130 页。
② 《马克思恩格斯文集》第 8 卷，北京：人民出版社，2009 年，第 146 页。

细亚的、斯拉夫的、古代的、日耳曼的形式。

如果说人类历史上第一大社会形式可以表现为多种形式和走不同的途径，那么第二大社会形式也不会仅仅表现为单一的形式和走同一的途径。也就是说，要度过不可逾越的商品经济时代，并完成其社会目标，并非只有资本主义一条途径。不可否认，马克思生前确实认为资本主义是通向第三大社会形式的重要途径，不过马克思从不认为那是唯一的途径。马克思在写于 1877 年 10—11 月的《给〈祖国纪事〉杂志编辑部的信》中，批评了尼·康·米海洛夫斯基对他的理论的曲解。马克思说道："他一定要把我关于西欧资本主义起源的历史概述彻底变成一般发展道路的历史哲学理论，一切民族，不管它们所处的历史环境如何，都注定要走这条道路——以便最后都达到在保证社会劳动生产力极高度发展的同时又保证每个生产者个人最全面的发展的这样一种经济形态。但是我要请他原谅。（他这样做，会给我过多的荣誉，同时也会给我过多的侮辱。）让我们举个例子来看看。"

"在《资本论》里的好几个地方，我都提到古代罗马平民所遭到的命运。这些人本来都是自己耕种自己小块土地的独立经营的自由农民。在罗马历史发展的过程中，他们被剥夺了。使他们同他们的生产资料和生存资料分离的运动，不仅蕴涵着大地产的形成，而且还蕴涵着大货币资本的形成。于是，有那么一天就一方面出现了除自己的劳动力外一切都被剥夺的自由人，另一方面出现了占有已创造出来的全部财富的人，他们剥削他人劳动。结果怎样呢？罗马的无产者并没有变成雇佣工人，却成为无所事事的游民，他们比过去美国南部各州的‘白种贫民’①更卑贱，和他们同时发展起来的生产方式不是资本主义的，而是奴隶制的。因此，极为相似的事变发生在不同的历史环境中就引起了完全不同的结果。如果把这些演变中的每一个都分别加以研究，然后再把它们加以比较，我们就会很容易地找到理解这种现象的钥匙；但是，使用一般历史哲学理论这一把万能钥匙，那是永远达不到这种目的的，这种历史哲学理论的最大长处就在于它是超历史的。”②显然，马克思并没有想把关于西欧资本主义起源的历史概述变成历史哲学公式的意思。

马克思在写于1881年2月底至3月初的给维·伊·查苏利奇的复信初稿中进一步指出：他所说的资本主义产生和发展“这一运动的‘历史必然性’限制在西欧各国的范围内”。“在俄国，由于各种独特情况的结合，至今还在全国范围内存在着的农村公社能够逐渐摆脱其原始特征，并直接作为集体生产的因素在全国范围内发展起来。正因为它和资本主义生产是同时存在的东西，所以它能够不经受资本主义生产的可怕的波折而占有它的一切积极的成果。俄国不是脱离现代世界孤立生存的；

① “白种贫民”指美国南部蓄奴州“自由”的，但依附于奴隶主的无地居民。由于棉花生产为大农场主带来了巨大的利润，以奴隶制为基础的种植业经济阻碍了小商品生产的发展，大部分农民因此而破产并沦为“白种贫民”，他们耕种贫瘠的土地，住在破旧的茅屋里，甚至连农奴都鄙视他们。大奴隶主统治着奴隶和数百万“白种贫民”。——引者注

② 《马克思恩格斯选集》第3卷，北京：人民出版社，2012年，第730—731页。

同时，它也不像东印度那样，是外国征服者的猎获物。”“俄国是在全国范围内把‘农业公社’保存到今天的唯一的欧洲国家。它不像东印度那样，是外国征服者的猎获物。同时，它也不是脱离现代世界孤立生存的。一方面，土地公有制使它有可能直接地、逐步地把小地块个体耕作转化为集体耕作，并且俄国农民已经在没有进行分配的草地上实行着集体耕作。俄国土地的天然地势适合于大规模地使用机器。农民习惯于劳动组合关系，这有助于他们从小地块劳动向合作劳动过渡；最后，长久以来靠农民维持生存的俄国社会，也有义务给予农民必要的垫款，来实现这一过渡。另一方面，和控制着世界市场的西方生产同时存在，就使俄国可以不通过资本主义制度的卡夫丁峡谷[①]，而把资本主义制度所创造的一切积极的成果用到公社中来。”[②]也就是说，像俄国这样的国家能够不经受资本主义生产的可怕的波折而占有它的一切积极的成果，可以不通过资本主义制度的卡夫丁峡谷。

根据马克思主义社会形式学说，社会主义初级阶段的中国社会，是与资本主义根本不同的社会类型，但无疑它们共处于马克思所指出的人类历史上第二大社会形式之中，都还没有越

① 公元前321年第二次萨姆尼特战争时期，萨姆尼特人在古罗马卡夫丁城（今意大利蒙泰萨尔基奥）附近的卡夫丁峡谷包围并击败了罗马军队。按照意大利双方交战的惯例，罗马军队必须在由长矛交叉构成的“轭形门”下通过。这被认为是对战败方的最大羞辱。“通过卡夫丁峡谷”（“通过卡夫丁轭形门”）一语即由此而来。——引者注

② 《马克思恩格斯选集》第3卷，北京：人民出版社，2012年，第820—821、824—825页。

出商品经济时代。基于这样一种认识，中国可以而且应该利用资本主义制度所创造的一切积极的成果来建设中国的社会主义。这就是马克思主义的唯物辩证的态度和方法。

第三节　观念与改变

改变绝不是任意为之的，而是有确定的意义的。观念对于改变有极大的价值。那么，我们可不可以预言世界改变呢？笔者认为是可以的。我们现在进行改变的研究，也可以说是给世界改变做准备工作吧。这种研究至少能够加强各国各民族之间的相互了解，促进人们之间的友谊，共同保卫世界改变，难道说这不是一件十分有意义的工作吗？

改变是不可避免的。一部人类史证明了一件事：改变是促进人类进步的重要条件之一。人类只有改变，才有前途，不改变是没有出路的。但是，对于改变，人们必须保持清醒的头脑，人们必须有历史的眼光，人们要有瞻前顾后的本领。

马克思和恩格斯在写于 1847 年 12 月至 1848 年 1 月底的《共产党宣言》一书中谈到共产主义革命时说道："共产主义革命就是同传统的所有制关系实行最彻底的决裂；毫不奇怪，它在自己的发展进程中要同传统的观念实行最彻底的决裂。"[①]马克思和恩格斯说的"同传统的所有制关系实行最彻底的决裂"，

① 《马克思恩格斯选集》第 1 卷，北京：人民出版社，2012 年，第 421 页。

就是指实现制度的摆正。马克思和恩格斯说的“同传统的观念实行最彻底的决裂”，就是指实现观念的摆正。

人们一方面必须同私有制实行最彻底的决裂，从私有制中解脱出来，建立公有制；另一方面，必须同时同私有制的观念实行最彻底的决裂，从私有制的观念中解脱出来，树立公有制的观念，实现观念的更新。只有这样，才能实现人的改变与社会的互动：人的改变促进社会的进步；社会的进步又反过来促进人的改变。

马克思和恩格斯所主张的两个决裂，必须同时进行。只重视前一个决裂而忽视后一个决裂，是不够的。只重视后一个决裂而忽视前一个决裂，也是不够的。只有两个决裂同时摆正了，人们才能充分改变，才能为充分改变创造良好的宏观条件。

第四节　小　结

改变尽管艰难险阻极多，但是改变的道路是畅通的。改变丰富了人类的物质文明和精神文明。人们只有勤奋劳作，人们的改变的内容才能繁花似锦。改变的具体成果包括两个方面：改变的物质成果和改变的精神成果。改变的物质成果和改变的精神成果都有极重要的意义。改变是符合社会发展的规律的。人类社会永不会停止，这一瞬间是现在，下一瞬间就成为历史。因此，改变永无止期。改变在各方面都对人类有过辉煌的贡献。改变有很大的意义。改变能够反映时代、反映社会、反映现实。从发展上看来，改变的工作大有发展的余地，瞻望前途，我们充满了无穷的信心。改变对于人类的前途起着决定性的作用。人们都时时刻刻生活在改变中，都从改变中既得到物质利益，也得到精神利益。从人类发展的前途来看，改变是不可避免的，尽管可能需要极长的时间，但是改变终究必然会来到。改变对于人们的发展，经济的繁荣，生产力的提高，人民物质生活和精神生活的改善，起到极大的促进作用。改变会使人们得到其利益。这一点笔者是深信不疑的。

第四编

改变史是什么

七月在野，八月在宇，九月在户，十月蟋蟀入我床下。

——《诗经·豳风·七月》

第九章　中国传统改变观

人类很早就开始利用改变，世人并无异议。中国古典文献中有大量证据。改变在中国古典文献中出现相当早，是一个无可争辩的事实。在历史上，改变是非常古老的。改变是由简单向复杂发展的。中国传统改变观已经有了很长的历史。改变源远流长。中国有极悠久的改变的历史。改变对于中国的影响是源远流长的。改变对于中国的历史有极大的影响。改变在中国的历史上是一件大事，在世界的历史上也是一件颇有意义的事情，值得人们重视。中国传统改变观具有推进社会发展的积极作用。

第一节　人的改变具有必然性

人的改变具有必然性。改变是人们所需要的。

《诗经·豳风·七月》言：“七月在野，八月在宇，九月在户，十月蟋蟀入我床下。”[①]意为：蟋蟀七月里在野地，八月里在屋檐下，九月里在门内，十月里入我床底。此言及蟋蟀随天气渐寒，而由野外迁入屋宇室内。蟋蟀因为天气渐寒，由居远处而居近处。

《易经·革卦·彖传》言：“天地革而四时成。”[②]天地变革才会形成四季。由此可见，改变的作用是非常大的。

在《论语·泰伯篇》中有一句名言：“士不可以不弘毅，任重而道远。”人们从这句名言中获得教益，愿从事改变的人们弘毅。

德国诗人、剧作家、思想家歌德（Johann Wolfgang von Goethe，1749—1832年）在1827年1月31日对德国文学青年爱克曼（J. P. Eckermann，1792—1854年）谈到中国传奇时说道：“中国人在思想、行为和情感方面几乎和我们一样，使我们很快就感到他们是我们的同类人，只是在他们那里一切都比我们这里更明朗，更纯洁，也更合乎道德。在他们那里，一切都是可以理解的，平易近人的，没有强烈的情欲和飞腾动荡的诗兴，因此和我写的《赫尔曼与窦绿台》以及英国理查生[③]写的小说有很多类似的地方。他们还有一个特点，人和大自然是生活在一起的。你经常听到金鱼在池子里跳跃，鸟儿在枝头歌唱不

① 《诗经·豳风·七月》。

② 《易经·革卦·彖传》。

③ 理查生（Samuel Richardson，1689—1761年）系英国小说家。——引者注

停，白天总是阳光灿烂，夜晚也总是月白风清。月亮是经常谈到的，只是月亮不改变自然风景，它和太阳一样明亮。房屋内部和中国画一样整洁雅致。例如'我听到美妙的姑娘们在笑，等我见到她们时，她们正躺在藤椅上'，这就是一个顶美妙的情景。藤椅令人想到极轻极雅。故事里穿插着无数的典故，援用起来很像格言，例如说有一个姑娘脚步轻盈，站在一朵花上，花也没有损伤；又说有一个德才兼备的年轻人三十岁就荣幸地和皇帝谈话，又说有一对钟情的男女在长期相识中很贞洁自持，有一次他俩不得不同在一间房里过夜，就谈了一夜的话，谁也不惹谁。还有许多典故都涉及道德和礼仪。正是这种在一切方面保持严格的节制，使得中国维持到几千年之久，而且还会长存下去。"[①]

歌德评论了中国传奇中表现出来的一些特点，歌德的总的印象是：中国人严格遵守道德和礼仪。中国传统改变观是有其特点的。

第二节　人的改变具有可能性

人的改变具有可能性。人的改变是需要积累的。积累是人的改变的基础。积累与人的改变是紧密相连的。

---

① 〔古希腊〕柏拉图：《柏拉图文艺对话集》，朱光潜译；〔德〕爱克曼辑录：《歌德谈话录》，朱光潜译，北京：人民文学出版社，2015年，第324—325页。

正因为人们要有深广、丰富的生活和思想以及创造性的努力，方有利于改变，古人才强调要改变，就要积累，要人们“读万卷书，行万里路”。西汉史学家、文学家、思想家司马迁（约前 145 或前 135—？）早年遍游南北，不辞劳苦，“遍历天下名山大川”，考察风俗，采集传说。南朝梁文学理论批评家刘勰（约 465—约 532 年）在《文心雕龙》一书中要求人们“积学以储宝，酌理以富才”[①]。唐诗人杜甫（712—770 年）在他的诗中自谈“读书破万卷，下笔如有神”。明末清初散文家魏禧（1624—1681 年）在《宗子发文集・序》中有段话说得很精彩：“人生平耳目所见闻，身所经历，莫不有其所以然之理，虽市侩优倡大猾逆贼之情状，灶婢丐夫米盐凌杂鄙亵之故，必皆深思而谨识之，酝酿蓄积，沈浸而不轻发。及其有故临文，则大小浅深，各以类触，沛乎若决陂池之不可御。譬之富人积财，金玉布帛，竹头木屑粪土之属，无不豫贮，初不必有所用之，而当其必需，则粪土之用，有时与金玉同功。”[②]

人们要求得能够把握改变，就要使自己具备丰富的生活和渊博的思想，就要注重通过学习书本知识和通过社会实践，来扩大和提高自己生活和思想的修养。生活中的事情，乃至于平时觉得平淡无意义的现象，积累在人们的心中，到改变的时候，都是有用的。

---

① （南朝梁）刘勰：《文心雕龙》。

② （清）魏禧著，〔日〕桑原忱有终选，夏汉宁校勘：《魏叔子文选要・续魏叔子文粹》，南昌：江西人民出版社，2019 年，第 36 页。

第三节 小 结

中国优秀的传统改变观是中华优秀传统文化的重要组成部分。中国传统改变观的价值是能够得到正确的客观的认识的。改变是显现思想的，改变必定反映思维形式。改变是为了更好地不改变。改变可以激发人的情感，使人的情感更充实、更丰富。改变可以使人们得到真正的情感交流，自然而然地会互相接近，互相亲密，而不至于互相疏远，互相冷淡。改变能够激起人的真情，使人从心里愿意真地做、善地做、美地做。

改变是一个过程。人们对改变确实是需要经过反复研究的。在人们心目中改变与智慧两个概念是联系得很紧的。改变，就其本来意义讲，是和价值观念有联系的。一般地说，改变可以算是一种真行、一种善行、一种美行。但改变有的时候和其他的德目有矛盾。因此，改变在一定的情形下，需要枉曲一点儿，才是最好的改变。这就把改变这个概念的道德价值提高了一步，即：凡属真正的改变，都是真的、善的、美的。不改变，就其本来意义讲，同样是和价值观念有联系的。一般地说，不改变可以算是一种真行、一种善行、一种美行。但不改变有的时候和其他的德目有矛盾。因此，不改变在一定的情形下，需要枉曲一点儿，才是最好的不改变。这就把不改变这个概念的道德价值提高了一步，即：凡属真正的不改变，都是真的、善的、美的。

由于改变与道德观念是有联系的，不改变与道德观念同样是有联系的。因此，在人们的心目中，改变与不改变实际上是唯物辩证的关系。改变与不改变实际上是紧紧地联系在一起的。可见，改变是以改变的真理为依据的。正确地理解改变是实现改变的理想的一个必要条件。改变是有道理的。人要改变，就必须坚决执行改变的道理。改变主要是形势的变化使然。改变是反映客观现实的。改变能为人发挥应有的作用。实际上，人的认识和实践是随着时代而改变的。

改变的产生并非偶然，而是有深刻的社会历史背景的。人们认识改变的过程，就是从个别的改变开始，逐渐上升到最高境界的改变。改变是现实生活的反映。正因为这样，所以改变不仅反映现实，而且是使人们更深刻地认识现实，从而改变现实的一种有力的手段。人的改变的方向将决定人的未来的生活。在无限的历史长河中，人是有历史局限性的。一切改变归根到底都是当时社会状况的产物。改变的发展归根结底是由社会状况的发展决定的。改变是需要客观条件的。研究改变是具有现实意义的。现实在发展，毫无疑问改变也应该发展。

在当代条件下，现实在发展，改变应该沿着什么方向发展和怎样发展，这是人们应该思考的问题。改变应该分为主观改变和客观改变。改变如果不反映真理，的确不会有前途，甚至不会是真正意义上的改变，这已是历史的结论。应该说，在改变的观念问题上，人们应该让自己的改变的观念走向真理，而不应该让自己的改变的观念从旧的局限又走向新的局限。这又已是历史的结论。

历史是公正的。历史不会忘记为人类的改变事业作出过贡献的人。改变不是轻而易举的。改变不仅可以反映现在的情况，而且可以反映未来的情况。改变应从实际出发，采取多种形式。研究改变问题，必须从时代的变化入手。改变能够为人作出应有的贡献。每一个时代都有时代的改变。时代改变了，就把人类向前推进一步。改变是可以理解的。实际上人类的历史是改变的时间长，不改变的时间短。改变有深刻的政治、经济和文化的原因。改变总是带有一定内容的改变，改变也总是带有一定形式的改变。改变是现实生活的表现。改变不仅能够使人看到已经发生的事情，而且能够使人看到可能发生的事情。改变是时代的镜子。改变不仅能够折射特定时代的变化，而且能够广泛表现特定时代的变化。任何改变都是实践经验的升华，又是实践的先导和指南。没有改变就不会有实践，没有实践也就不会有改变。改变要发展就不能脱离实践，必须从生动活泼的实践中去不断吸取改变的动力和源泉。

改变能够反映事物的本质和一般规律。改变是有价值的。事实上，改变过程的各个阶段都有自己的特点。时至今日，在漫长的人类认识史的发展过程中，历代的人们都为揭示改变的本质和规律作出自己不同程度的和不断前进的贡献。人们的改变的过程正是人们受改变观制约的过程。人们在改变的过程中，对改变的感性认识能够上升为对改变的理性认识。人们在改变的过程中，人们的改变观越正确，人们就越能正确地认识和评价改变，就越能从现实世界中发掘出正确的改变。人们的改变观是在改变的实践中不断发展的。人们的改变观是在改变的实践中不断丰富的，是在改变的实践中不断获得广度和深度的。改变在历史上并非一成不变，相反，改变总处在量与质的新陈代谢、新新不已的过程中。这样改变便与现代化有关。

现代是相对非现代、相对过去而言的，现代是历时性的概念。人类的历史处在不断现代化的过程中。因此，现代化表示一种动态，表示从非现代向现代的迈进和演化。现代化不仅构成对历史的超越，而且构成对当代世界的发展趋向的认同。现代化的标志只有从历史纵向与世界横向的交叉点上才可以找到。改变的现代化是整个社会的现代化的不可分割的部分。因此，考察改变的现代化，便与考察社会的现代化有关。从历史实际看，改变的现代化是受到社会的现代化的密切制约的。改变的现代化不能脱离历史现代化的总体趋势。

每个时代在全面推进文明建设时，改变都扮演着极其重要的角色。历史上的伟大的学者都是伟大的思想家，都具有当代丰富的学识，都具有很高的文化素养。中国的改变史，就是在社会发展的制约下，改变从内容到形式不断民族化与现代化的历史。改变对于促进现代中华民族的形成具有不可估量的深远历史意义。改变是与丰富的社会实践联系在一起的，改变不能脱离丰富的社会实践。

第十章　西方传统改变观

人类很早就开始利用改变，对此世人并无异议。西方古典文献中有大量记载。改变在西方古典文献中出现相当早，是一个无可争辩的事实。在历史上，改变是非常古老的。改变是由简单向复杂发展的。西方传统改变观已经有了很长的历史。改变源远流长。西方有极悠久的改变的历史。改变对于西方的影响是源远流长的。改变对于西方的历史有极大的影响。改变在西方的历史上是一件大事，在世界的历史上也是一件颇有意义的事情，值得人们重视。改变决定着人的道路。改变与人类生活息息相关。改变是有历史意义的。改变负载着传统和历史的力量，具有凝聚力量与维系社会稳定的作用。文明是在改变中产生和发展起来的。

第一节　人的改变具有现实性

人的改变具有现实性。改变能够给人带来生活的渴望。改变能够令人升华到最高境界。改变能够界定现实。改变是前所未有的。改变是人的一面镜子。改变本质上给了人以改变现实的力量。改变永远超不出改变的视野。改变具有积极的现实意义。改变因文化的不同、时代的不同而不同。改变一定会激发人们的积极性、主动性和创造性。改变一定会大大加强人们的活力。改变会让世界接近人们理想中的样子。

德国哲学家卡尔·雅斯贝尔斯（Karl Jaspers，1883—1969年）谈到教育时说道："教育是在人与人（尤其是年长者与年轻一代）的交往中，通过知识内容的传授、生命内涵的分享以及行为举止的规范，将传统交给年轻人，使他们在其中成长，舒展自由的天性。因此，教育的原则是使人在一切现存的文化滋养中走向本源、真实与根基，而不是只满足于获取平庸的知识——清晰界定的能力、语言与记忆内容不在此列。真正的教育不提倡死记硬背，但也不能期望每个人都成为富有真知灼见的思想家。教育的过程是让受教育者在实践中自我操练、自我学习和成长。"[①]卡尔·雅斯贝尔斯看到了人的改变具有现实性。

美国作家、历史学家和哲学家威尔·杜兰特（Will Durant，1885—1981年）在《哲学家》一书中谈到哲学时说道："哲学是如此超凡脱俗，所以不应该把它与创造最神圣的事物这件事分离开来。有些人珍爱哲学，并将它视为生命中不可或缺之物。哲学是重要的媒介，没有它，生命将卑微如草芥。只要哲

① 〔德〕卡尔·雅斯贝尔斯：《什么是教育》，童可依译，北京：生活·读书·新知三联书店，2021年，第3—4页。

学家这个称谓如柏拉图般享有盛誉，我们必将孜孜以求。科学日益兴旺，而哲学却日渐萎缩，因为科学诚实而哲学谄媚；因为科学触及生活并为生活提供帮助，而哲学却胆怯无助地袖手旁观。如果哲学要重生，它必须重新发现生活，必须重拾初心，必须从所谓的‘真实’和先验世界回归现实，并勇敢地参与到艰难困苦、酸甜苦辣的生活中来。”

“这，就是哲学的机遇。”[①]威尔·杜兰特看到了人的改变具有现实性。

西班牙电影导演路易斯·布努埃尔（Luis Buñuel，1900—1983 年）在《我的最后叹息：电影大师布努埃尔回忆录》中谈到赞成与反对时说道：“在超现实主义活跃的时代，我们之中有个积习，那就是最终要把事物判断为好与坏、正确与错误、美与丑。有些书是必须读的，而另一些书则不能过目；有些事情必须去做，而另一些事则不能去干。这些古老的玩意儿使我受到启发。”[②]路易斯·布努埃尔看到了人的改变具有现实性。

改变对人类的历史产生了重大影响。人们由于改变，因此获益良多。改变对于人来说是不可或缺的。改变会使人的生活方式有意义。改变能够带领人走进人的现实世界。改变是美的。改变是任何一个人都会有的。每一次改变，都烙印着人的

---

① 〔美〕威尔·杜兰特：《哲学家》，刘军译，北京：中信出版社，2021 年，第 186 页。

② 〔西〕路易斯·布努埃尔：《我的最后叹息：电影大师布努埃尔回忆录》，傅郁辰、孙海清译，北京：商务印书馆，2018 年，第 277 页。

回忆。只有人才会改变。改变是有其合理性的。人在改变中会有很大的收获。改变是有其自身的意义的。改变能够使人实现自己的愿望。改变是伟大的。改变是人的机遇。改变能够让人把握住机遇。

第二节　人的改变具有能动性

人的改变具有能动性。人们之所以会幸福，是因为有改变。改变能够给人一些机会。改变能够给人带来更多的可能性。改变蕴含着人的强烈的个性。改变使人获得了意义，使人充满了活力。改变能够提高人的眼界。改变能够拓展人的视野。改变总是以呈现富有历史价值的东西为前提。通过改变，人们开始注意到了人们的可能性，看东西时的偏见也慢慢消退。改变的过程能够让人们觉得很有意义。

英国剧作家、诗人威廉·莎士比亚（William Shakespeare，1564—1616 年）在《哈姆莱特：莎士比亚戏剧选》第 2 幕第 2 场中曾借哈姆莱特的口说道："人类是一件多么了不得的杰作！多么高贵的理性！多么伟大的力量！多么优美的仪表！多么文雅的举动！在行为上多么像一个天使！在智慧上多么像一个天神！宇宙的精华！万物的灵长！"[①]威廉·莎士比亚借哈姆莱特

① 〔英〕威廉·莎士比亚：《哈姆莱特：莎士比亚戏剧选》，朱生豪译，北京：人民文学出版社，2018 年，第 205 页。

的口表达了对未来和人类充满信心。威廉·莎士比亚借哈姆莱特的口对人的歌颂，对理性的赞美，显示出他对理想人生的期待与渴望。

威尔·杜兰特在《追寻幸福》一书中说道："万事万物并非静止不变。一个人若想站得更高，自己首先要站起来。"[①]威尔·杜兰特看到了人的改变具有能动性。

法国作家、哲学家让-保罗·萨特（Jean-Paul Sartre，1905—1980年）在《文字生涯》一书中最后说道："我感到我的疯狂有可爱之处，那就是起了保护我的作用，从第一天起就保护我不受争当'尖子'的诱惑。我从来不认为自己是具有'天才'的幸运儿。我赤手空拳，身无分文，唯一感兴趣的事是用劳动和信念拯救自己。这种纯粹的自我选择使我升华而不凌驾于他人之上。既无装备，又无工具，我全心全意投身于使我彻底获救的事业。如果我把不现实的救世观念束之高阁，还剩什么呢？赤条条的一个人，无别于任何人，具有任何人的价值，不比任何人高明。"[②]让-保罗·萨特在哲学上，主张将存在分为自在存在与自为存在，自在存在为意识之外的存在，自为存在为意识的存在，意识的存在为一切存在的意义和基础。人的存在的特征是存在先于本质，即人先存在，然后取得其本质，取得本质

① 〔美〕威尔·杜兰特：《追寻幸福》，赵宴群译，北京：中信出版社，2021年，第18页。

② 〔法〕让-保罗·萨特：《文字生涯》，沈志明译，北京：人民文学出版社，1990年，第173页。

的过程即计划和意向的过程，人在这个过程中发挥他的自由。

法国哲学家阿尔贝·加缪（Albert Camus，1913—1960年）在1937年6月的手记中写道："什么样的哲学家讲出什么样的哲学。人愈伟大，哲学就愈真。"[①]阿尔贝·加缪认为人应该肯定人生，给予人生以价值。

阿尔贝·加缪在1956年的手记中谈到历史时写道："历史，想起来很简单，对那些亲身经受过的人来说却很难看清。"[②]

美国作家塔莎·杜朵（Tasha Tudor，1915—2008年）在《塔莎的世界》一书中说道："看看我们能做的那些令人兴奋的事情吧。生命如此短暂，你都做不完所有可以成就之事。活着本身已经是一种特权。即便是有这么多的污染和恐怖的事件，这个世界仍然是美丽的。假如你一年只能看到一次星星，想想你会怎么想吧。那简直就是一种奇迹！"[③]塔莎·杜朵看到了人的改变具有能动性。

塔莎·杜朵在《塔莎的世界》一书中最后说道："我十分满足。除了在这里和我的狗、我的羊、我的鸟儿一起生活外，我没有其他愿望了。"

"我想这一生我过得很出色，但我没有要留给其他人的经

---

① 〔法〕阿尔贝·加缪：《加缪手记》，黄馨慧译，杭州：浙江大学出版社，2019年，第32页。

② 〔法〕阿尔贝·加缪：《加缪手记》，黄馨慧译，杭州：浙江大学出版社，2019年，第633页。

③ 〔美〕塔莎·杜朵著，〔美〕理杰德·布朗摄影：《塔莎的世界》，韩玲译，北京：九州出版社，2015年，第62页。

验。如果说我真的有生活哲学的话，那亨利·戴维·梭罗表达得最为恰当：‘如果一个人自信地朝着他的梦想前进，努力创设他想象中的生活，那么他便会在平凡的时日与成功不期而遇。’这是我的信条。这绝对是真的。这是对我一生的总结。”[①]塔莎·杜朵再次看到了人的改变具有能动性。

意大利历史学家文森佐·费罗内（Vincenzo Ferrone，1954—）在《启蒙观念史》一书中谈到启蒙运动时说道：“幸运的是，数十年来众多学者的研究工作已经告诉我们启蒙完全不是那样的。相反，它是开放的和经验的，并且以实验、包容、多义以及世界主义为基础，同时吸纳了自然科学、音乐、绘画还有政治科学的成果。启蒙运动在与旧制度的斗争中，在实践人权理论而追求幸福的过程中得到发展。它的发展借助了新的文化及语言学上的实践，依赖于新的批判精神，这种批判精神把自身的基础与合法性建立在对人类与人类局限性的研究上。启蒙运动远远不是一种单纯的聚焦于现代性的构想，一种完全在斯宾诺莎一元论的旗帜下被包裹和完成的构想。启蒙运动应该被更准确地理解为一种文化经验，首先（这点可能在今天也是如此）根据我们所继承的价值而得到界定。它是现代性的试验场，一个有时停顿但是从未被完全压制的过程，它也不能得出一个永恒的结论。”[②]文森佐·费罗内看到了人的改变具

① 〔美〕塔莎·杜朵著，〔美〕理杰德·布朗摄影：《塔莎的世界》，韩玲译，北京：九州出版社，2015年，第172页。

② 〔意〕文森佐·费罗内：《启蒙观念史》，马涛、曾允译，北京：商务印书馆，2018年，第285页。

有能动性。

改变能够使人确立难以磨灭的观念。人如果有改变，就会获得改变的机会。改变是有魅力的。改变能够确定人的历史地位。改变是有能量的。改变大有深意。改变能够令人满意。人在改变中是能够得到滋养的。改变能够使人蓬勃发展。改变能够使人生机勃发。改变，过去有，现在有，将来还会有。改变能够使人成为真正伟大的人。所以，改变是非常珍贵的。人能有改变，该多好啊。

第三节　人的改变具有社会性

人的改变具有社会性。人们应该将改变置于整个社会结构之中，并要考虑那些与改变共存和相关的社会制度。人的改变对于整个社会具有重要的意义。人的改变是具有社会价值的。因此，当改变发生时，改变的社会功能也就显现出来了。改变的发展是与社会紧密联系在一起的，改变的发展和社会密切相关。改变是一个过程，即人的社会生活过程。对人的改变而言，社会结构研究具有异常重要的价值。

澳大利亚政治家陆克文（Kevin Rudd，1957—）在《不畏：陆克文自传》中最后说道：“我最后的感谢献给从一开始将我带到这个世界上来的我的父亲和母亲。我从尤姆迪农场历经漫长的旅途一路走来，这在很大程度上要归功于母亲对我的教育，即使在生命中最艰难的日子里挣扎求生时，她也没有忘记对我进行教导。”

“那晚最后，我告诉大家回去好好睡一觉，喝杯茶，甚至来点儿‘Iced VoVo’美味甜饼干庆祝一下，然后就要做好准备迎接新的任务了：‘明天，我对我的团队说，我们要撸起袖子，准备好迎接艰苦的工作了。’”

“我们终于在午夜前回到了家，然后就上床睡觉了。”

“我一躺下就转向泰瑞莎说：‘谢谢你。’接着说了句‘那么……我们下一步该怎么办？’后，我渐渐进入了梦乡。”

“革故和鼎新是完全不同的两回事，我们在未来的日子里会很快，甚至是痛苦地觉察到这一点。”[①]陆克文看到了人的改变具有社会性。

讨论改变，就避不开当时的社会环境。人类的改变历经了漫长的过程。在人类的进步中，改变起着非常重要的作用。人类发展，不就是为了改变能够有意义吗？改变是发展的引擎。人的改变是人的突破。人的伟大改变是人的伟大突破。人的改变是人的识别标签。改变是能够吸引人的。人的进步处处来自改变。人对改变的满意是十分可贵的。改变能够显示出人的卓越的品质。相信改变吧，改变能够把人改变得多好啊！

---

① 〔澳〕陆克文：《不畏：陆克文自传》，李巧燕、钱镜译，青岛：青岛出版社，2021 年，第 348—349 页。

第四节　人的改变具有必然性

人的改变具有必然性。改变让人看起来更美好。人一生都在为自己的改变而奋斗。因此，改变能够得到人们的共鸣。改变之所以受到了应有的喜爱，要归功于改变对人的帮助。改变能够为推动人类历史的进步做出贡献。改变渗透于人的一生。改变能够给人带来新的生命。改变能够让人看到未来的可能性。改变能够使人更大程度地参与到自己的空间的培育过程中。因此，改变对于人们来说是一次很好的机会。

法国音乐家埃克托尔·柏辽兹（Hector Berlioz，1803—1869 年）在《柏辽兹回忆录：狂飙之子与十九世纪西欧文艺·前言》中说道："或许我必须立即学会尼亚加拉印第安人的那种百折不挠的坚韧精神：当他们在急流之中英勇无畏，劈波斩浪，然而最终认识到自己的努力是徒劳之后，他们却能够继续以坚定的目光注视着咫尺之遥的万丈深渊，并引吭高歌，直到那一泻飞瀑将他们紧紧缠绕；他们在潋滟之中翻腾旋转，勇敢地冲向那遥远的无限之中。"①

他在该书中谈到音乐时说道："除了音乐，没有任何别的艺术能够具有这种使人追溯往事的能力；甚至连莎士比亚的艺术

① 〔法〕埃克托尔·柏辽兹：《柏辽兹回忆录：狂飙之子与十九世纪西欧文艺·前言》，冷杉、佟心平、徐艳译，北京：北京联合出版公司，2017 年，第 11 页。

也不能将过去诗意化。因为只有音乐才能与想象、精神、心灵和感觉对话，并且从精神和心灵对感觉的反应或是感觉对精神和心灵的反应中产生可以感受到的音乐形象。这种音乐形象只有具有特殊机制的人才能感受到，而其他的人（未开化的人）却永远也不能感受到。”[①]埃克托尔·柏辽兹看到了人的改变具有必然性。

美国心理学家卡罗尔·德韦克（Carol S. Dweck）在《终身成长》一书中最后说道：“改变也许艰难，但我从未见谁说过不值得。这虽然可能只是那些历尽艰辛的人们自我安慰的说辞，但这些做出改变的人都会告诉你，他们的生活变得更好了。他们会告诉你，他们有了以前不曾拥有的东西，体验到了以前不曾拥有的感觉。”

“改用成长型思维模式看待问题能解决我所有的问题吗？不能。但我知道，我因为这种思维模式而拥有了不同以往的生活——更加丰富的生活。因为这种思维模式，我成了一个更积极、更有勇气、更加开明的人。”

“现在，该由你来决定是否该做出改变了。也许应该改变，也许无须改变。但无论你选择如何，请记住成长型思维模式。如果你遇到了困难，就去试试这种思维模式。它会一直在那里等着你，为你展示通往未来的道路。”[②]

① 〔法〕埃克托尔·柏辽兹：《柏辽兹回忆录：狂飙之子与十九世纪西欧文艺》，冷杉、佟心平、徐艳译，北京：北京联合出版公司，2017 年，第 533 页。

② 〔美〕卡罗尔·德韦克：《终身成长》，楚祎楠译，南昌：江西人民出版社，2017 年，第 309 页。

卡罗尔在书中最后总结了人类前方的道路。《终身成长》是卡罗尔·德韦克的代表作，在这部著作中，她以通俗易懂的笔触总结了自己对人类固定型思维模式与成长型思维模式的研究。也许因为思维模式深深扎根于人们的成长过程中，成为内化的心理机制，人们很难跳出思维的框架，反思自己是如何思考的。

身为一个曾经的固定型思维模式者，卡罗尔·德韦克对固定型思维模式与成长型思维模式进行了毫不留情的剖析。她认为，仅有专业技能或动力或许能让人们取得暂时的成功，但无法帮助人们尽可能地维持成功。而巅峰状态的持续需要一种健康、积极、不断进取的思维模式，一种不推崇智商或成功本身，而将关注点投放在持续不断的努力、不畏挫折的态度上的长期的思考方法。无论是在商界、体坛、婚恋关系还是亲子教养中，这种成长型思维模式都至关重要，它决定了人们面对失败时的复原力，面对挑战时的承受力，面对人们需要为之努力的事业时付出的努力。这种思维模式标志着一种诚实的态度，因为真正的成功从来不是偶然的，偶然得来的成功并不可靠。

卡罗尔·德韦克的思维模式研究有着极强的现实意义。在生活中的每一分每一秒，人们都是思维模式的践行者，人们做的每一个选择都打上了人们采用的思维模式的烙印。了解自己的思维模式并有意识地做出相应调整，人们会更有把握获得并保持成功。

在人的眼里，改变是崭新的东西。人们一直要问：改变好吗？好在哪里？这时，人们最该做的事，就是要理解改变有多好。在人的心目中，改变是好的，必须是好的。改变是崇高的，是有力量的。人有改变，人就有福了。人的改变的意志是能够支配人的。人的改变的力量是伟大的力量。人的改变是有生命力的。改变是为了生存和发展。改变是令人难忘的。

第五节　小　　结

人们在改变中不仅要继承和发扬中国传统改变观，而且要学习和借鉴西方传统改变观。毛泽东提出的“古为今用，洋为中用”的原则，其实这正是“百花齐放，推陈出新”的必要前提。改变离开了因素就无从言改变。对人来说，改变就像一条不断奔涌向前的河流。虽有漩涡和逆流，但奔涌向前的大势不可阻挡。改变是有意义的。改变能够将人的生命的意义提升到一个新的高度。改变是人的历程，是人的生命的不可分割的一部分。人是靠改变才兴旺的。人是负有改变的使命的。改变能够给人带来幸福。改变是有真正意义的。改变能够使人成长为有思想、有理想、有品位的人。改变在历史发展进程中发挥着催化作用，不同文化在不同时期对改变的处理方式亦存在差异。改变得最有意义的人，并不就是改变得最大的人，而是对改变最有感受的人。改变有两个来源：一是作为义务的改变；二是作为抱负的改变。改变的这两种形式都是应人的生存和发展的要求而产生出来的。改变在本质上是具有社会性的。改变能够让人经历美好的时光。改变能够使人参与到将理想变成现实的过程。

改变都是根据所处的时间和地点来确定的。改变将永远在人的心中留有一席之地。改变能够使人让时间以流动状态连接空间。改变无疑是超前的。改变是有整体性的。改变能够成为人的不可分割的部分。伟大的改变无不根植于伟大的传统。改变能够成就人的完美。改变与人有着千丝万缕的联系。改变有一种高贵的美。改变观能对人产生重要的影响。改变观是人所拥有的永恒之物。

改变是人的伟大的创造。改变不易。改变的始终如一的亲切感能够使人铭记于心。人在改变中能够见到很多美丽的东西。从整体来看，改变是具有重要价值的。改变能够给人带来巨大的物质财富和精神财富。改变正是人类伟大且独特的智慧体现。改变是具有生命力的。改变决定着人的未来命运。改变能够给人留下极其丰富的印象。改变对人的影响是十分深刻的。改变是人的最大的奇迹。

人要着手准备一项伟大的事业，改变是必不可少的。人要改变，如果人不思考改变，则无法做到真正的改变。改变是有意义的。改变实在是美丽的。人们的改变是受人们的改变观所制约的。改变贯穿人类的过去，延续到人类的现在，还将持续到人类的未来，人类的改变将永无休止。人类的改变是具有逻辑性的。人类的改变中包含着纯正、高雅的元素。人类的改变中呈现出的效果取决于人类的改变中的各部分的总和。改变能够给人带来决定性的影响。

第十一章　自然科学家改变观

改变能够使人实现愿望。改变能够表达人的真正意义。改变与人的飞速发展不无关系。改变不仅是部分生成的，而且是整体生成的。改变需要一个过程。改变能够给人带来深深的满足感。改变是需要积累的。改变能够支持着人，给人力量。如果人改变得不够好，那是因为人改变得不够及时。人能够用改变体验真实的生活，体验真实的认识和实践。改变不仅铸成了人的过去和现在，而且肯定亦将影响人的未来。改变和人的一生有着密切的关系。改变不仅有利于人的过去和现在，而且有利于人的未来。不论外在大环境有何变迁，人是一定会改变的。如果人想要改变，就改变吧。

第一节　改变具有社会性

改变具有社会性。改变的形成受到社会相当大的影响。改变和社会环境之间存在关联。改变与周围环境是有关系的。改变给人带来的影响极其深远。改变能够呈现出什么样貌呢？改变是有历史的。改变是需要完善的规划的。人们是能够构建起灿烂的改变文化的。社会环境能够使人有很大的改变。社会环境对于人而言是至关重要的。改变能够带给人一个理想的空间。人是在改变的影响之下发展的。改变能够给人留下美好的东西。人们必须以崇敬之心对待改变。改变的存在非常重要。

奥地利心理学家西格蒙德·弗洛伊德（Sigmund Freud，1856—1939 年）在《人类精神捕手：弗洛伊德自传》中说道："回顾我辛劳工作和跌宕起伏的一生，可以说我为许多新事物开了头，也抛弃了别人给我的很多建议，虽然我不知道做的这些工作对今后的影响是大是小，但一定会在未来有所收获。不管怎样，我希望我已经为我们知识的重大发展开辟了一条新的途径。"[①]西格蒙德·弗洛伊德看到了改变具有社会性。

改变很早就存在了。改变最初看起来是非常简朴的。改变有什么特殊含义呢？改变能够显现人的社会意义。改变能够对社会作出重大贡献。不难想象，从前的改变还真是一幅色彩缤纷的图卷。面对改变，人们的崇敬感会油然而生。自古以来，人们就是在改变中构建生活空间的。改变能够让人看上去厚实饱满。看看人们的改变，有助于理解人类的历史渊源及文化底蕴。改变是人类独有的现象。

---

① 〔奥〕西格蒙德·弗洛伊德：《人类精神捕手：弗洛伊德自传》，王思源译，北京：华文出版社，2018 年，第 201 页。

第二节　改变具有历史性

改变具有历史性。当人有了改变的目标时，一定要从根基做起。人是有其富有特色的改变历史的。人类要想在地球上持续生存下去，最重要的就是要对改变心怀崇敬与畏惧。改变不仅能够让人生存下去，而且能够让人发展下去。改变不仅与人的生存密切相关，而且与人的发展密切相关。古往今来，世界各地的人们祖祖辈辈都遵循改变的规律生活着。改变的力量是强大的，人类应心存畏惧。人类如果违背了改变的规律，其报复就会随之而来。改变能够给人提供灵感，能够对人的生存和发展带来影响。

英国博物学家、进化论的奠基人达尔文（Charles Robert Darwin，1809—1882 年）在《达尔文回忆录》中说道："我一生的乐趣和唯一的工作，就只是科学研究工作；它引起了一种兴奋，使我可以暂时忘却或者完全解除自己日常的不舒适。因此，在我今后一生的岁月中，除了出版几本书以外，就别无其他可述了。或许把这些书怎样产生的这一些经过情节提出来，还值得一看。"①达尔文看到了改变具有历史性。

达尔文在《达尔文回忆录》中说道："我以为对我有利的一

① 〔英〕达尔文：《达尔文回忆录》，毕黎译注，北京：商务印书馆，2015 年，第 71 页。

种情况，就在于：我具有比一般水平的人更高的本领，能够看出那些容易被人忽略的事物，并且对它们做细致的观察。我在观察和收集事实方面，勤奋努力，真是无以复加的了。尤其重要的是：我热爱自然科学，始终坚定不移，旺盛不衰。可是，我却怀有一种虚荣心，想要博得我的同道自然科学家们的尊敬；这种虚荣心，也就强烈地促进了我对自然科学单纯的热爱。我从少年初期开始，就抱有极其强烈的愿望，想去了解或说明自己观察到的事物，也就是说，想把一切事物去分门别类，归纳到某些一般的法则中去。所有这些错综复杂的因果关系，曾经培养出我的一种耐心，使我能够在任何悠长的岁月中，对任何一个悬而未决的问题，进行顽强的思考或深思。根据我所能做出的判断，我对于别人的指示，并不轻易听信，盲目遵从。我始终不变地努力保持自己思想的自由，其范围可使我在一见到事实明显地相反于我深爱的任何假说时，马上就放弃这个假说（而且我对于每个专题，总是忍不住想要建立一个假说）。的确，我只能照此办法去行动，别无其他途径可以选择，因为我记得，凡是我初次建立的假说，在经过了一段时间以后，总是使我不得不放弃，或者做了重大的修正，只有《珊瑚礁》一书中的假说是个例外。这种情形，自然而然地引起了我对混合性科学中的演绎推理方法，极不信任。另一方面，我并不抱有很大的怀疑态度：我认为，我这种思想方式，对于科学的进步有害。富于怀疑态度，这对科学家是有利的，因为这可以使他们不致损失大量时间；然而，我曾经遇见不少人，我相信，他们正是由于这种〔缺乏怀疑态度〕，不敢去设立试验和进行观察工作，不管这些工作具有直接或间接的益处。”[①]达尔文再次看到了改变具有历史性。

达尔文在《达尔文回忆录》中最后说道：“我具备了一些井井有条的习惯和方法；这对我独特的工作方法很有一些用处。最后，我还不急需去谋生觅食，所以就有了充分的空闲时间。即使是我身体很坏，而且它使我在一生中损失了几年的〔宝贵〕光阴，但同时也使我避免了许多散漫的社交生活和游乐，节约了时间，也不无小补。”

“因此，根据我所能做出的判断，作为一个科学家，我的成功，不管它有多大，是取决于种种复杂的思想品质和条件的。其中最为重要的是：热爱科学；在长期思考任何问题方面，有无限的耐心；在观察和收集事实材料方面，勤奋努力；还有相当好的创造发明本领和合理的想法。确实使人惊呆的是：像我所具有的这些中等水平的本领，竟会在某些重要问题上，对科学家们的信念，起了相当重要的影响。”[②]达尔文再次看到了改变具有历史性。

英国生态学家伊恩·L. 麦克哈格（Ian L. McHarg，1920—2001年）在《生命·求索——麦克哈格自传》中说道：“还会

---

① 〔英〕达尔文：《达尔文回忆录》，毕黎译注，北京：商务印书馆，2015年，第90—91页。

② 〔英〕达尔文：《达尔文回忆录》，毕黎译注，北京：商务印书馆，2015年，第93—94页。

有什么主题比自然更为迷人呢？让我们想象这样一幅图景——一个让人难以言表和理喻的如此巨大的宇宙；一个抽象得令人难以想象的时间尺度；一个穷尽你最奇异的幻想都无法想象的起源；一个位置如此偶然的星球——地球；一个如此恰如其分的温度；水、碳、氧、氢、氮搭配得如此精妙适宜；物质从恒星的灰烬中活跃地转换以及生命的出现；那出奇、无度且旷日持久的过程导致细胞的产生，以及四处通过进化产生生命形体。地球起初是个非常暴力和敌对的、暴露在紫外线下并受着火山蹂躏的不适于居住的场所，之后逐渐被生命物质转变为适于居住的地方，然后有了大气层，又有了一些早期的生命，再之后有了海洋，并最终出现了陆地。陆地上的生物演化开始，诸如树鼩、眼镜猴、狐猴、南方古猿等动物出现，并最终有了人类。”

“大规模物种灭绝在过去曾有发生，但现今的物种数量比历史上任何时期都要多。似乎最近的物种灭绝威胁——原子灾难——已被避免，或至少已被推迟。现在是我们暂停反思、解决问题并付诸行动的时候了——珍视地球、绿化地球、恢复地球，为我们的地球和人类疗伤。”

“未来的历史学家们很有可能会把现在的时代看做是我们星球的一个转折点。”[①]伊恩·L. 麦克哈格看到了改变具有历史性。

---

① 〔英〕伊恩·L. 麦克哈格：《生命·求索——麦克哈格自传》，马劲武译，北京：中国建筑工业出版社，2016年，第1页。

人类的改变是从最初的改变慢慢发展而来的。未来的改变会是怎样的呢？未来的世界会是怎样的世界呢？着实引人遐想。如今，人类仍值得夸耀的事情中应该就有改变吧。人类的改变是有优良的传统的。人类应该继承人类的优良的改变传统，应该各方面都承袭人类历史悠久的特质，应该在改变上下足功夫、极尽沉思。人是能够为改变惊艳的。改变能够充分地展现人类的进取精神。改变是能够代代相传的。

第三节　改变具有美好性

改变具有美好性。改变不仅能够让人渡过难关，而且能够带给人奋斗意志。改变能够帮助人拥有灿烂的人生。改变能够展示人的美好的样貌。改变能够显现人的美好的品位。改变能够展现人的美好的心态。人的改变的经历实在是有意义的。改变拥有震撼人心的力量。得益于改变，人类才得以迎来繁荣。改变能够给人留下特别美好的印象。人们是以改变为界的。改变是带有某种特殊意义的。

伊恩·L. 麦克哈格在《生命·求索——麦克哈格自传》中说道：“在我的生活中，我们已经占据了三个不同的位置。第一，西方的观念，具有掠夺地球以营利的执照。虽然这很浪费、败家、并最终威胁人类，但它还是继续下来了。这是以人类为中心的观念的极致，也是我生命中的第二个阶段，是假设我们有权力使用核灾难解决争端，这样，随着核冬天的到来，我们将真会有一个万物凋敝、生命完全被抑制的自然环境。还有另外一种选择：来了解世界是如何运作的。这是第三阶段：生态时代。请把此看作是对教育和社会最为重要的挑战。设计回应这个世界的行为准则，运用内在的机会，认识固有的限制，从事生态规划和设计。当然这应该就是世界之道、人类之途和生物圈创造之酶。"[①]伊恩·L. 麦克哈格看到了改变具有美好性。

美国生物学家爱德华·威尔逊（Edward O. Wilson，1929—2021）在《大自然的猎人》中谈到科学家时说道："我相信，科学家可以粗略分为两大类：为了力争上游而从事科学研究的那一类，以及为了研究科学而力争上游的这一类。只有后者才是能够终身活跃在研究领域的科学家，我就是其中之一。而且我猜想，和我同属后者且献身科学的同僚们，可能也是受到某种童年梦想的驱策，而且他们的梦或许比我猜想的更接近我的梦，因为进化生物学已经成为博物学探险家的最后避难所。"[②]爱德华·威尔逊看到了改变具有美好性。

爱德华·威尔逊在《论人的本性》一书中谈到知识时说道："真正的知识是最终极的解放者。它使人人平等、各主权国家平

① 〔英〕伊恩·L. 麦克哈格：《生命·求索——麦克哈格自传》，马劲武译，北京：中国建筑工业出版社，2016年，第370—371页。

② 〔美〕爱德华·威尔逊：《大自然的猎人》，杨玉龄译，北京：中信出版社，2019年，第258页。

等，它扫除迷信的障碍，并可望使文化进化提速。但我认为知识不能改变人类行为的基本规则，也不能改变可以预见的历史发展基本进程。自我认识将揭示人类生物本性的一些要素，现代社会生活正是以这些要素为基础，通过各种奇特的方式而繁荣起来。这种认识可助我们更准确地判断人类未来的种种行为哪些是安全的，哪些是危险的。我们也可能会更加审慎地确定人性要素中有哪些应该弘扬，哪些应该扼制，哪些应该欣然接纳，哪些应该小心处理。但我们不会消除坚实的生物基本结构，除非很久以后我们的后代学会改变基因。”①

改变是充满亲切感的。人类的改变应该要归功于人类代代相传的改变观。人们在世界上，会被充满人情味的改变所感动。人们为了改变，不由得迈步前进。人有改变。这是人的好处。改变是人所独有的。人能够在改变中感受到改变的情怀。人从改变中能够感受到暖意。总的来说，人的改变之中是存在暖意的。在人的改变之中可感受到人类传统生活的温暖氛围。改变可以传递人们间的人情温暖。

第四节　改变具有艰难性

改变具有艰难性。人在改变中遇到的困难有时是始料未及

① 〔美〕爱德华·O. 威尔逊：《论人的本性》，胡婧译，北京：新华出版社，2015年，第97页。

的。改变具有特别的重要意义。人们对改变其实是讲究的。改变是充满了力量感的。人们从改变中能够看到人类往昔的样貌。改变见证着人类历史的变迁。改变对人的生存和发展有相当大的贡献。人们为了适应生存和发展，只好进行改变。改变能够显现出人们的品位。改变能够把人带入最理想的状态。改变能够让人感受到暖意的空间。

德国裔美国籍科学家杰哈德·纽曼（Gerhard Neumann，1917—1997 年）在《勇者不惧：杰哈德·纽曼》中说道："在我自己的生涯和激动人心的过去，无疑充满了机遇与幸运，但也少不了艰难和困苦。在几个月前最后一次环球旅行中，我和克莱瑞丝在奥地利的一个乡村小旅馆过夜，旅馆门口钉着一块木牌，上面写着：只有经过从早到晚辛勤地耕耘，才能使你成功，妒忌的人，只看到繁花似锦的结果——而不是所付出的劳力代价。"[①]杰哈德·纽曼看到了改变具有艰难性。

改变是困难重重的。改变能够让人的面貌为之一新。在人类社会，改变为人们提供了生命之源，对于人类而言，改变是十分重要的。改变能够引起人们无尽的遐想。对于改变，人们总是抱着复杂的情感，既有对改变的崇敬之情，又有对改变的畏惧之心。这样的情形延续至今。对于人而言，没有比思索改变更重要的事了。改变是人的分界。人们的改变各有千秋。改变能够反映出人们的改变观，能够反映出人们的审美水平与教

① 〔美〕杰哈德·纽曼：《勇者不惧：杰哈德·纽曼》，张维等译，北京：中国文史出版社，2021 年，第 255 页。

养。改变能够为人们带来历久弥新的感动。

第五节　小　结

科学技术和人类的进步息息相关。科学技术的飞跃发展像一把双刃剑，一方面为人类带来了幸福；另一方面给人类带来了痛苦。人类不仅肩负着探索未知世界，为人类提供新知识和手段的任务，给人类带来幸福的伟大使命；而且肩负着保障科学技术运用于人类幸福的目的，防止科学技术被滥用的伟大使命。科学技术日新月异地进步，不仅在许多方面改变着人们的生产方式，而且在许多方面改变着人们的生活方式；不仅改变着人们的物质世界，而且改变着人们的精神世界。

改变使人获益很大，改变是有意义的。从某种意义上说，人的所有工作都是以改变为基础展开的。改变是有高贵的力量的。改变能够对人产生相当大的影响。改变是有内涵的。人会随环境的变化而改变。改变是与人的历史背景有关的。改变是人的得天独厚的条件。改变是备受尊崇的。改变是令人神往的。改变能够让人的生活丰富起来。改变是富有层次的。改变是耐人寻味的。

改变能够使人充满活力。改变能够使人心满意足。改变是相当珍贵的。改变是人发展的契机。如果离开了改变，人的发展将不复存在。改变是能够让人理解人的发展的最宝贵的因素。改变能够展现出人们的不同特色，能够展现出人们的不同性情。人的本质就诞生于人的改变。改变是催生人的发展的重要因素。改变是充满魅力的。改变能够给人留下记忆。人对改变的敬佩油然而生。

改变能够将人的感受出色地呈现出来。改变能够孕育真、善、美。人的改变能够印刻于心。人的发展是靠着人的改变而实现的。人的全面发展是靠着人的全面改变而实现的。人在改变之中培育出的进取精神能够被发挥得淋漓尽致。不论人喜欢与否，改变始终伴随人左右。人在改变中会有所顿悟。人会沿着改变的道路走下去。改变能够在人的心中留下难忘的印象。

人们在改变中能够感受到存在于人们生活中的美好气息。人们与改变是融为一体的。改变的样貌真是日新月异的。对于改变，唯有将人脑海中的美丽景象与现存的空间拼合在一起才有可能构筑出美丽的风貌，并加以实现。人们改变的景象是可寻的。人们改变的景象是具有美感的。在人类社会，改变是非常重要的一件事情。改变着实让人心生敬意。改变是非常引人注目的。

第五编

马克思主义经典作家改变观是什么

个人是什么样的，这取决于他们进行生产的物质条件。

——〔德〕马克思和恩格斯《德意志意识形态》

第十二章　马克思和恩格斯认识理性思想

马克思主义改变观是观察和认识当今变化基本特征和发展规律的理论基础。为此，首先需要进一步研究和把握：马克思主义改变观的精神实质及其与其他改变观和概念的区别；马克思主义经典作家关于改变和改变发展的论述；马克思主义经典作家关于改变的本质的论述；马克思主义经典作家研究和论述改变的特征的方法及划分和界定改变的依据和标准等。马克思主义改变观不是教条的，也不是一成不变的，而是活的、需要随着改变的发展而不断发展和不断丰富的学说。因此，人们应该对马克思主义改变观的贡献方面进行必要的研究。

研究马克思和恩格斯认识理性思想的首要前提是区分“马克思和恩格斯认识理性思想是时代化的思想”与“马克思和恩格斯认识理性思想具有当代意义”。马克思和恩格斯认识理性思想的思想特质是马克思和恩格斯认识理性思想具有当代意义，而不是马克思和恩格斯认识理性思想仅仅作为时代化的思想。人们对马克思和恩格斯认识理性思想的研究，只有建立在对马克思和恩格斯认识理性思想的当代意义的阐释上，才能揭示马克思和恩格斯认识理性思想的真实意义。

马克思和恩格斯已经广泛涉及了认识理性具有利益性、客观性、社会性、能动性、规律性、历史性，为我们研究认识理性提供了一些原则性的论述。但由于这些论述本身十分零碎，散见于各篇，在马克思和恩格斯著作中没有形成显赫的理论地位，很难吸引后人把它们统一起来加以考虑，因而它们的总的精神一直没有得到发掘和发挥，结果使得对认识理性的研究，始终是辩证唯物主义认识论的一个空白，以至于竟使人误认为马克思主义认识论是忌讳或排斥认识理性的。整理马克思和恩格斯的论述，系统地揭示认识理性，就成了当前认识论研究的紧迫任务。

马克思和恩格斯在《1844 年经济学哲学手稿》（马克思著）、《资本论》（马克思著）、《自然辩证法》（恩格斯著）、《路德维希·费尔巴哈和德国古典哲学的终结》（恩格斯著）、《神圣家族》（马克思和恩格斯著）、《德意志意识形态》（马克思和恩格斯著）等文献中表达了认识理性思想。在本章中，笔者想从马克思和恩格斯以上文献中表达的认识理性思想的角度，研究和阐释马克思和恩格斯认识理性思想的当代意义。

第一节　认识理性具有利益性

认识理性具有利益性。人们的改变是受价值规律和利益原则支配的。改变不考虑利益原则是不对的。马克思和恩格斯在《神圣家族》中认为："看来，一种理解只有满足于一种思想，因而符合一种思想，才不再是肤浅的理解。布鲁诺先生只是为了装样子，才把思想同对它的理解之间的关系搬出来；正像他只是为了装样子，才把不合时宜的历史活动同群众的关系搬出来一样。如果绝对的批判因此而谴责某个对象是'肤浅的'，那么这个对象就是迄今为止的全部历史，因为历史的活动和思想就是'群众'的思想和活动。绝对的批判摒弃群众的历史并打算用批判的历史取而代之（见茹尔·孚赫先生论英国热点问题的文章）。此外，根据以往的非批判的历史，即不是按照绝对批判的意愿编纂的历史，应该严格地分清：群众对目的究竟'关注'到什么程度，群众对这些目的究竟怀有多大'热情'。'思想'一旦离开'利益'，就一定会使自己出丑。另一方面，不难理解，任何在历史上能够实现的群众性的'利益'，在最初出现于世界舞台时，在'思想'或'观念'中都会远远超出自己的现实界限，而同一般的人的利益混淆起来。这种错觉构成傅立叶所谓的每个历史时代的色调。资产阶级在1789年革命中的利益决不是'不合时宜的'，它'赢得了'一切，并且有过'极有影响的成效'，尽管'激情'已经烟消云散，尽管这种利益用来装饰自己摇篮的'热情的'花朵也已经枯萎。这种利益是如此强大有力，以至胜利地征服了马拉的笔、恐怖主义者的断头台、拿破仑的剑，以及钉在十字架上的耶稣受难像和波旁王朝的纯血统。这场革命只有对于那样一些群众来说才是'不合时宜的'，那些群众认为在政治'思想'中并没有体现关于他们的现实'利益'的思想，所以他们的真正的根本原则和这场革命的根本原则并不是一致的，他们获得解放的现实条件和资产阶级借以解放自身和社会的那些条件是根本不同的。所以，如果说这场能够代表一切伟大的历史'活动'的革命是不合时宜的，那么，它之所以不合时宜，是因为它在本质上仍然停留在那样一种群众生活条件的范围内，而那种群众是仅仅由少数人组成的、不是把全体居民包括在内的、有限的群众。如果说这场革命是不合时宜的，那么，并不是因为群众对革命'怀有热情'和表示'关注'，而是因为人数众多的、与资产阶级不同的那部分群众认为，在革命的原则中并没有体现他们的现实利益，并没有体现他们自己的革命原则，而仅仅包含一种'思想'，也就是仅仅包含一个激起暂时热情和掀起表面风潮的对象罢了。"

"因此，历史活动是群众的活动，随着历史活动的深入，必将是群众队伍的扩大。在批判的历史中，事情当然必定是以另一种方式发生的，批判的历史认为，在历史活动中重要的不是行动着的群众，不是经验的活动，也不是这一活动的经验的利益，相反，‘在这些活动中’，‘重要的’仅仅是‘一种思想’。”①

利益的矛盾是诱发一切社会的经济和政治矛盾的重要原因。利益考量作为左右人们行为的深层动机是不可低估的。

马克思和恩格斯在《神圣家族》中指出：在历史发展进程中起决定作用的是物质生产而不是自我意识，强调必须从社会物质生产出发来观察历史。他们论证了人民群众在历史发展中的作用。利益原则是具有正面和负面的双重性的，既有助于增加财富性积累，又具有一定的腐蚀作用。一方面，人们应该获得丰盈的利益和创造可观的财富；另一方面，人们要利用正常的手段，获得正当的利益。人们应当坚守社会效益和经济效益的统一，从总体、全局和普遍的意义上说，人们需要把社会效益放在第一位。

马克思在《1844年经济学哲学手稿》中曾称赞莎士比亚把货币的本质描绘得十分出色。莎士比亚曾在《雅典的泰门》中说：“金子？黄黄的、发光的、宝贵的金子？……这东西，只这一点点儿，就可以使黑的变成白的，丑的变成美的；错的变成对的，卑贱变成尊贵，老人变成少年，懦夫变成勇士。”②

人们应当鲜明地坚决有效地反对拜金主义。人们要有人格尊严和文化操守，不要随意把自己当作商品，待价而沽。人们应当努力提振自己的思想文化素养和伦理道德情操。人们应当凸显自身的人格魅力，确立先进的思想信仰和价值诉求，并能

① 《马克思恩格斯文集》第1卷，北京：人民出版社，2009年，第286—287页。

② 《马克思恩格斯文集》第1卷，北京：人民出版社，2009年，第243页。

够正确地面对金钱的诱惑和考验。

马克思和恩格斯十分重视主体与客体的关系范畴。马克思和恩格斯从主体客体化和客体主体化，即主客体互化的辩证运动中发现并深刻阐明了认知范畴和利益范畴的相辅相成的内在联系，既注重从客体到主体的认知系统，又强调从主体到客体的利益序列。主体为了满足自己的意欲、需求、效益、功利，必然向客体去索取，具有顽强的执拗的征服精神。

马克思在《1844年经济学哲学手稿》中认为："因此，对私有财产的扬弃，是人的一切感觉和特性的彻底解放；但这种扬弃之所以是这种解放，正是因为这些感觉和特性无论在主体上还是在客体上都成为人的。眼睛成为人的眼睛，正像眼睛的对象成为社会的、人的、由人并为了人创造出来的对象一样。因此，感觉在自己的实践中直接成为理论家。感觉为了物而同物发生关系，但物本身是对自身和对人的一种对象性的、人的关系，反过来也是这样。当物按人的方式同人发生关系时，我才能在实践上按人的方式同物发生关系。因此，需要和享受失去了自己的利己主义性质，而自然界失去了自己的纯粹的有用性，因为效用成了人的效用。"①

利益属性既不单纯地表现为物的属性，也不单纯地显示为人的属性，而生成于客体和主体、"物"和"我"、对象和人的关系之中。这种利益关系的实质与核心昭示着主体对客体的需

① 《马克思恩格斯文集》第1卷，北京：人民出版社，2009年，第190页。

求，是主体对客体的意欲，是主体从客体能否满足自己的意义、效用、功能方面对它所进行的选择和索取。因此，利益属性是客体即利益承担者和主体即利益索取者的双方的属性与特性的辩证统一。客观对象一旦成为人的对象，人则总会以自己的需求和索取的眼光、态度来对待它们，并努力以一种强有力的实践手段，对其进行加工和改造，为自身所利用，以创造出造福于人的利益实体，满足主体生存和发展的需求。从这种意义上说，凡是人与客观世界发生对象性关系的领域，都存在着各种形态的利益关系。人与现实的改变关系是一种特殊的重要的利益关系。因此，从认识理性具有利益性的角度，人们可以看清马克思和恩格斯认识理性思想具有当代意义。

第二节　认识理性具有客观性

认识理性具有客观性。马克思和恩格斯在《德意志意识形态》中在批判“真正的社会主义者”与“青年黑格尔派”时这样写道：“理论在这里被说成是‘生活的分裂’的原因。如果‘真正的社会主义者’和哲学家们认为所有现实的分裂都是由概念的分裂所引起的，那末不知为什么他们一般还谈论社会。既然他们充满了关于概念能够创造世界和毁灭世界这一哲学信念，他们当然也就会认为某一个人能够通过消灭某种概念而消灭生活的分裂。这些‘真正的社会主义者’像所有德国的思想家一样，经常把文献的历史和现实的历史当作意义相同的东西而混淆起来。这种手法在德国人那里是完全可以理解的，因为他们把自己的始终非常丰富的幻想和现实等量齐观，以此来掩饰他们在现实的历史上曾经扮演过的并且还在继续扮演的可怜的角色。”①

尽管历史具有当代性，但人们不能用叙述取代史实，不能用文字的历史取代真实存在的历史，不能用文献的历史取代现实的历史。

马克思和恩格斯在《德意志意识形态》中论述唯物史观时说道：“这种历史观就在于：从直接生活的物质生产出发阐述现实的生产过程，把同这种生产方式相联系的、它所产生的交往形式即各个不同阶段上的市民社会理解为整个历史的基础，从市民社会作为国家的活动描述市民社会，同时从市民社会出发阐明意识的所有各种不同的理论产物和形式，如宗教、哲学、道德等等，而且追溯它们产生的过程。这样做当然就能够完整地描述事物了（因而也能够描述事物的这些不同方面之间的相互作用）。这种历史观和唯心主义历史观不同，它不是在每个时代中寻找某种范畴，而是始终站在现实历史的基础上，不是从观念出发来解释实践，而是从物质实践出发来解释各种观念形态，由此也就得出下述结论：意识的一切形式和产物不是可以通过精神的批判来消灭的，不是可以通过把它们消融在‘自我

① 《马克思恩格斯全集》第 3 卷，北京：人民出版社，1960 年，第 551 页。

意识’中或化为‘怪影’、‘幽灵’、‘怪想’[1]等等来消灭的，而只有通过实际地推翻这一切唯心主义谬论所由产生的现实的社会关系，才能把它们消灭；历史的动力以及宗教、哲学和任何其他理论的动力是革命，而不是批判。这种观点表明：历史不是作为‘源于精神的精神’消融在‘自我意识’[2]中而告终的，历史的每一阶段都遇到一定的物质结果，一定的生产力总和，人对自然以及个人之间历史地形成的关系，都遇到前一代传给后一代的大量生产力、资金和环境，尽管一方面这些生产力、资金和环境为新的一代所改变，但另一方面，它们也预先规定新的一代本身的生活条件，使它得到一定的发展和具有特殊的性质。由此可见，这种观点表明：人创造环境，同样，环境也创造人。每个个人和每一代所遇到的现成的东西：生产力、资金和社会交往形式的总和，是哲学家们想象为‘实体’和‘人的本质’的东西的现实基础，是他们加以神化并与之斗争的东西的现实基础，这种基础尽管遭到以‘自我意识’和‘唯一者’的身份出现的哲学家们的反抗，但它对人们的发展所起的作用和影响却丝毫也不因此而受到干扰。各代所遇到的这些生活条件还决定着这样的情况：历史上周期性地重演的革命动荡是否强大到足以摧毁现存一切的基础；如果还没有具备这些实行全面变革的物质因素，就是说，一方面还没有一定的生产

① 麦·施蒂纳《唯一者及其所有物》（1845 年莱比锡版）一书中的用语。——引者注

② 布·鲍威尔《评路德维希·费尔巴哈》一文中的用语。——引者注

力，另一方面还没有形成不仅反抗旧社会的个别条件，而且反抗旧的‘生活生产’本身、反抗旧社会所依据的‘总和活动’的革命群众，那么，正如共产主义的历史所证明的，尽管这种变革的观念已经表述过千百次，但这对于实际发展没有任何意义。”①

马克思和恩格斯在《德意志意识形态》中指出：“近来不断讨论着如何能够‘从神的王国进入人的王国’这样一个重要问题，似乎这个‘神的王国’不是存在于想象之中，而是存在于其他什么地方；似乎那些学识渊博的先生们不是一直生活在——他们自己并不知道——他们目前正在寻找途径以求到达的那个‘人的王国’之中；似乎这种科学的娱乐——这确实只是一种娱乐——就在于去说明这个理论上的空中楼阁多么奇妙，而不是相反，去证明这种空中楼阁是从现实的尘世关系中产生的。通常这些德国人总是只关心把既有的一切无意义的论调变为某种别的胡说八道，就是说，他们假定，所有这些无意义的论调都具有某种需要揭示的特殊意义，其实全部问题只在于从现存的现实关系出发来说明这些理论词句。如前所说，要真正地、实际地消灭这些词句，从人们意识中消除这些观念，就要靠改变了的环境而不是靠理论上的演绎来实现。对于人民大众即无产阶级来说，这些理论观念并不存在，因而也不用去消灭它们。如果这些群众曾经有过某些理论观念，如宗教，那

① 《马克思恩格斯选集》第1卷，北京：人民出版社，2012年，第171—173页。

么现在这些观念也早已被环境消灭了。”[①]

马克思和恩格斯阐明了社会存在决定社会意识这一唯物史观的出发点，论证了研究现实的人的活动和他们的物质生活条件是科学历史观的前提，指出这种历史观就在于：从直接生活的物质生产出发来考察现实的生产过程，并把同这种生产方式相联系的、它所产生的交往形式理解为整个历史的基础，同时由此出发来阐明意识的各种理论产物和形式，如宗教、哲学、道德等，并追溯它们的产生过程。因此，这种历史观和唯心主义历史观不同，它不是在每个时代中寻找某种范畴，而是始终站在现实历史的基础上，不是从观念出发来解释实践，而是从物质实践出发来解释各种观念形态。马克思和恩格斯论述了物质生产在人类历史发展中的决定作用，论述了生产力与交往形式的矛盾运动，指出人类第一个历史活动是生活资料的生产，即物质生活本身的生产；生产力制约交往形式，随着生产力的发展，原来与生产力相适应的交往形式成为生产力发展的桎梏，从而必然由新的交往形式来代替，“一切历史冲突都根源于生产力和交往形式之间的矛盾”，这种矛盾“每一次都不免要爆发为革命”。马克思和恩格斯从生产力和交往形式的矛盾运动中揭示了人类历史发展的一般规律，论证了共产主义取代资本主义的历史必然性，提出了无产阶级夺取政权、消灭私有制、建设新社会并在斗争实践中改造自己的任务。马克思和恩格斯指

① 《马克思恩格斯选集》第1卷，北京：人民出版社，2012年，第174—175页。

出："对实践的唯物主义者即共产主义者来说，全部问题都在于使现存世界革命化，实际地反对并改变现存的事物。"马克思和恩格斯强调未来新社会的创建一方面"是以生产力的巨大增长和高度发展为前提的"，"如果没有这种发展，那就只会有贫穷、极端贫困的普遍化；而在极端贫困的情况下，必须重新开始争取必需品的斗争，全部陈腐污浊的东西又要死灰复燃"；另一方面要以同生产力的普遍发展相联系的世界交往为前提，共产主义是无产阶级的事业，这个事业"只有作为'世界历史性的'存在才有可能实现"。[①]马克思和恩格斯指出，共产主义将消灭旧的分工造成的限制，使每个人的才能得到自由全面的发展；到那时，单个人才能摆脱种种民族局限和地域局限，在历史完全转变为世界历史的进程中真正获得解放。因此，从认识理性具有客观性的角度，人们也可以看清马克思和恩格斯认识理性思想具有当代意义。

第三节　认识理性具有社会性

认识理性具有社会性。马克思和恩格斯在《德意志意识形态》中认为："人们用以生产自己的生活资料的方式，首先取决于他们已有的和需要再生产的生活资料本身的特性。这种生产

① 《马克思恩格斯选集》第1卷，北京：人民出版社，2012年，第155、166—167、196页。

方式不应当只从它是个人肉体存在的再生产这方面加以考察。更确切地说，它是这些个人的一定的活动方式，是他们表现自己生命的一定方式、他们的一定的生活方式。个人怎样表现自己的生命，他们自己就是怎样。因此，他们是什么样的，这同他们的生产是一致的——既和他们生产什么一致，又和他们怎样生产一致。因而，个人是什么样的，这取决于他们进行生产的物质条件。”①

人所具备和拥有的一切，归根结底，可以找到其客观的机制和根源。不受社会环境的影响的个体的性格，完全“自主”于客观社会历史条件之外的个体的情感、意志以及思维方式实际上是不存在的。人们的不同的性格特征和精神意向，归根到底，总是由不同的社会环境和物质生活条件决定的。社会存在决定社会意识。因此，从认识理性具有社会性的角度，人们也可以看清马克思和恩格斯认识理性思想具有当代意义。

第四节　认识理性具有能动性

认识理性具有能动性。历史是人创造的。马克思和恩格斯在《神圣家族》中认为：“历史什么事情也没有做，它‘不拥有任何惊人的丰富性’，它‘没有进行任何战斗’！其实，正是人，现实的、活生生的人在创造这一切，拥有这一切并且进行战斗。并不是‘历史’把人当做手段来达到自己——仿佛历史

① 《马克思恩格斯选集》第1卷，北京：人民出版社，2012年，第147页。

是一个独具魅力的人——的目的。历史不过是追求着自己目的的人的活动而已。”①

恩格斯在《路德维希·费尔巴哈和德国古典哲学的终结》中认为：“无论历史的结局如何，人们总是通过每一个人追求他自己的、自觉预期的目的来创造他们的历史，而这许多按不同方向活动的愿望及其对外部世界的各种各样作用的合力，就是历史。”②

依靠意志活动实现自己的理性和情感，追求预期的目的，是人的创造性活动的基本特点，正是这种有创造意识的人改变着时代和社会的面貌。

马克思十分注重和强调目的的地位和作用。马克思在《资本论》第1卷中认为：“蜘蛛的活动与织工的活动相似，蜜蜂建筑蜂房的本领使人间的许多建筑师感到惭愧。但是，最蹩脚的建筑师从一开始就比最灵巧的蜜蜂高明的地方，是他在用蜂蜡建筑蜂房以前，已经在自己的头脑中把它建成了。劳动过程结束时得到的结果，在这个过程开始时就已经在劳动者的表象中存在着，即已经观念地存在着。他不仅使自然物发生形式变化，同时他还在自然物中实现自己的目的，这个目的是他所知道的，是作为规律决定着他的活动的方式和方法的，他必须使他的意志服从这个目的。但是这种服从不是孤立的行为。除了从事劳动的那些器官紧张之外，在整个劳动时间内还需要有作

① 《马克思恩格斯文集》第1卷，北京：人民出版社，2009年，第295页。

② 《马克思恩格斯选集》第4卷，北京：人民出版社，2012年，第254页。

为注意力表现出来的有目的的意志，而且，劳动的内容及其方式和方法越是不能吸引劳动者，劳动者越是不能把劳动当做他自己体力和智力的活动来享受，就越需要这种意志。”“劳动者利用物的机械的、物理的和化学的属性，以便把这些物当做发挥力量的手段，依照自己的目的作用于其他的物。”①

马克思一方面建立了目的论的理论，另一方面又以对工具论的探索作为对目的论的有力补充，并将目的论和工具论辩证地融为一体，铸成不可分割的整体。目的与工具是不能相互脱离和肢解的。目的是工具的目的，工具是目的的工具。没有工具的目的是空洞的，是无法实现的；没有目的的工具是盲目的，是毫无意义的。可见目的和工具是互为条件、相互依存的。因此，从认识理性具有能动性的角度，人们也可以看清马克思和恩格斯认识理性思想具有当代意义。

第五节　认识理性具有规律性

认识理性具有规律性。恩格斯在《路德维希·费尔巴哈和德国古典哲学的终结》中指出：“社会发展史却有一点是和自然发展史根本不相同的。在自然界中（如果我们把人对自然界的反作用撇开不谈）全是没有意识的、盲目的动力，这些动力彼此发生作用，而一般规律就表现在这些动力的相互作用中。在

① 《马克思恩格斯选集》第2卷，北京：人民出版社，2012年，第169—171页。

所发生的任何事情中，无论在外表上看得出的无数表面的偶然性中，或者在可以证实这些偶然性内部的规律性的最终结果中，都没有任何事情是作为预期的自觉的目的发生的。相反，在社会历史领域内进行活动的，是具有意识的、经过思虑或凭激情行动的、追求某种目的的人；任何事情的发生都不是没有自觉的意图，没有预期的目的的。但是，不管这个差别对历史研究，尤其是对各个时代和各个事变的历史研究如何重要，它丝毫不能改变这样一个事实：历史进程是受内在的一般规律支配的。因为在这一领域内，尽管各个人都有自觉预期的目的，总的说来在表面上好像也是偶然性在支配着。人们所预期的东西很少如愿以偿，许多预期的目的在大多数场合都互相干扰，彼此冲突，或者是这些目的本身一开始就是实现不了的，或者是缺乏实现的手段的。这样，无数的单个愿望和单个行动的冲突，在历史领域内造成了一种同没有意识的自然界中占统治地位的状况完全相似的状况。行动的目的是预期的，但是行动实际产生的结果并不是预期的，或者这种结果起初似乎还和预期的目的相符合，而到了最后却完全不是预期的结果。这样，历史事件似乎总的说来同样是由偶然性支配着的。但是，在表面上是偶然性在起作用的地方，这种偶然性始终是受内部的隐蔽着的规律支配的，而问题只是在于发现这些规律。”①

恩格斯阐明了辩证唯物主义的自然观和社会历史观的一致

① 《马克思恩格斯选集》第4卷，北京：人民出版社，2012年，第253—254页。

性，同时论述了社会发展史不同于自然发展史的特点，指出在社会历史领域内进行活动的，是具有意识的、经过思虑或凭激情行动的、追求某种目的的人，但社会发展史与自然发展史的不同特点丝毫不能改变这样一个事实：历史进程是受内在的一般规律支配的；在表面上是偶然性在起作用的地方，这种偶然性始终是受内部的隐蔽着的规律支配的，而问题只是在于发现这些规律。本质、规律和真理都是蕴藏在客观事物之中的。

历史是有规律的。历史规律、历史结构、历史条件、历史范围、历史过程对事物的解释具有有效性。时间、空间、态势、关系对事物的存在和发展具有制衡作用，从而决定国情定位以及人的身份认同。因此，从认识理性具有规律性的角度，人们也可以看清马克思和恩格斯认识理性思想具有当代意义。

第六节　认识理性具有历史性

认识理性具有历史性。恩格斯在《自然辩证法》中认为："经验的自然研究已经积累了庞大数量的实证的知识材料，因而迫切需要在每一研究领域中系统地和依据其内在联系来整理这些材料。同样也迫切需要在各个知识领域之间确立正确的关系。于是，自然科学便进入理论领域，而在这里经验的方法不中用了，在这里只有理论思维才管用。但是理论思维无非是才能方面的一种生来就有的素质。这种才能需要发展和培养，而为了进行这种培养，除了学习以往的哲学，直到现在还没有别的办法。”

“每一个时代的理论思维，包括我们这个时代的理论思维，都是一种历史的产物，它在不同的时代具有完全不同的形式，同时具有完全不同的内容。因此，关于思维的科学，也和其他各门科学一样，是一种历史的科学，是关于人的思维的历史发展的科学。这一点对于思维在经验领域中的实际运用也是重要的。因为，首先，思维规律的理论并不像庸人的头脑在想到‘逻辑’一词时所想象的那样，是一种一劳永逸地完成的‘永恒真理’。”①

人类的理论思维，包括把握对象本质规律的理论思维，不是一种一劳永逸地完成的“永恒真理”，而是一种历史的产物，是一种历史的科学，是关于人的思维的历史发展的科学，可以把事物和对象的本质理解为一种流变不居的历史过程。因此，从认识理性具有历史性的角度，人们也可以看清马克思和恩格斯认识理性思想具有当代意义。

第七节　小　　结

认识理性是有其特征的。认识理性是有其属于自己的规定的。所以，认识理性具有本质特征，具有本质规定。认识理性

① 《马克思恩格斯选集》第3卷，北京：人民出版社，2012年，第873—874页。

具有普遍本质。认识理性是由认识理性的特征所决定的。人们应该以整体的眼光看待认识理性。认识理性的利益性、客观性、社会性、能动性、规律性、历史性有其原始的亦是内在的统一性。认识理性总有利益性、客观性、社会性、能动性、规律性、历史性特质。认识理性本身是一个认知过程。认识理性是一个开放性的系统。因此，从认识理性具有利益性、客观性、社会性、能动性、规律性、历史性的角度，人们可以看清马克思和恩格斯认识理性思想具有当代意义。

第十三章　列宁认识理性思想

研究列宁认识理性思想的首要前提是区分“列宁认识理性思想是时代化的思想”与“列宁认识理性思想具有当代意义”。列宁认识理性思想的思想特质是列宁认识理性思想具有当代意义，而不是列宁认识理性思想仅仅作为时代化的思想。人们对列宁认识理性思想的研究，只有建立在对列宁认识理性思想的当代意义的阐释上，才能揭示列宁认识理性思想的真实意义。

第一节　认识理性具有过程性

认识理性具有过程性。列宁在1895—1916年撰写的《哲学笔记》中说道：“思维从具体的东西上升到抽象的东西时，不是离开——如果它是正确的（注意）（而康德，像所有的哲学家一样，谈论正确的思维）——真理，而是接近真理。物质的抽象，自然规律的抽象，价值的抽象等等，一句话，一切科学的（正确的、郑重的、不是荒唐的）抽象，都更深刻、更正确、更完全地反映自然。从生动的直观到抽象的思维，并从抽象的思维到实践，这就是认识真理、认识客观实在的辩证途径。”①

列宁在《哲学笔记》中说道：“逻辑学是关于认识的学说。它是认识论。认识是人对自然界的反映。但是，这并不是简单的、直接的、完整的反映，而是一系列的抽象过程，即概念、规律等等的构成、形成过程，这些概念和规律等等（思维、科学=‘逻辑观念’）有条件地近似地把握永恒运动着和发展着的自然界的普遍规律性。在这里的确客观上是三项：（1）自然界；（2）人的认识=人脑（就是同一个自然界的最高产物）；（3）自然界在人的认识中的反映形式，这种形式就是概念、规律、范畴等等。人不能完全地把握=反映=描绘整个自然界、它的‘直接的总体’，人只能通过创立抽象、概念、规律、科学的世界图景等等永远地接近于这一点。”②

列宁在《哲学笔记》中说道：“认识是思维对客体的永远的、无止境的接近。自然界在人的思想中的反映，要理解为不是‘僵死的’，不是‘抽象的’，不是没有运动的，不是没有矛盾的，而是处在运动的永恒过程中，处在矛盾的发生和解决的永恒过程中。”③

① 《列宁全集》第 55 卷，北京：人民出版社，2017 年，第 142 页。
② 《列宁全集》第 55 卷，北京：人民出版社，2017 年，第 152—153 页。
③ 《列宁全集》第 55 卷，北京：人民出版社，2017 年，第 165 页。

人类认识是一个辩证过程。人类认识是有发展阶段的。感性认识与理性认识之关系是唯物辩证的关系。因此，从认识理性具有过程性的角度，人们可以看清列宁认识理性思想具有当代意义。

第二节　认识理性具有辩证性

认识理性具有辩证性。列宁在《哲学笔记》中指出："虽说马克思没有遗留下'逻辑'（大写字母的），但他遗留下《资本论》的逻辑，应当充分地利用这种逻辑来解决这一问题。在《资本论》中，唯物主义的逻辑、辩证法和认识论〔不必要三个词：它们是同一个东西〕都应用于一门科学，这种唯物主义从黑格尔那里吸取了全部有价值的东西并发展了这些有价值的东西。"①

列宁在1915年写的《谈谈辩证法问题》一文中说道："在任何一个命题中，很像在一个'单位'（'细胞'）中一样，都可以（而且应当）发现辩证法一切要素的胚芽，这就表明辩证法本来是人类的全部认识所固有的。而自然科学则向我们揭明（这又是要用任何极简单的实例来揭明）客观自然界也具有同样的性质，揭明个别向一般的转变，偶然向必然的转变，对立面的过渡、转化、相互联系。辩证法也就是（黑格尔和）马克思

① 《列宁全集》第55卷，北京：人民出版社，2017年，第290页。

主义的认识论：正是问题的这一‘方面’（这不是问题的一个‘方面’，而是问题的实质）普列汉诺夫没有注意到，至于其他的马克思主义者就更不用说了。”①

逻辑、辩证法、认识论是一致的。辩证法是研究世界的规律的，也是研究认识的规律的，因此，逻辑、辩证法、认识论三者是一回事。黑格尔的逻辑就是黑格尔的辩证法，也包含黑格尔的认识论。马克思的逻辑就是马克思的辩证法，也包含马克思的认识论。逻辑有唯物主义与唯心主义之别。辩证法有唯物主义与唯心主义之别。认识论有唯物主义与唯心主义之别。

列宁在《谈谈辩证法问题》一文中说道：“人的认识不是直线（也就是说，不是沿着直线进行的），而是无限地近似于一串圆圈、近似于螺旋的曲线。这一曲线的任何一个片断、碎片、小段都能被变成（被片面地变成）独立的完整的直线，而这条直线能把人们（如果只见树木不见森林的话）引到泥坑里去，引到僧侣主义那里去（在那里统治阶级的阶级利益就会把它巩固起来）。直线性和片面性，死板和僵化，主观主义和主观盲目性就是唯心主义的认识论根源。而僧侣主义（=哲学唯心主义）当然有认识论的根源，它不是没有根基的，它无疑是一朵无实花，然而却是生长在活生生的、结果实的、真实的、强大的、全能的、客观的、绝对的人类认识这棵活树上的一朵无实

① 《列宁选集》第2卷，北京：人民出版社，2012年，第558—559页。

花。"[①]认识过程是具有辩证性质的。唯心主义是有认识论根源和阶级根源的。因此，从认识理性具有辩证性的角度，人们也可以看清列宁认识理性思想具有当代意义。

第三节　认识理性具有社会性

认识理性具有社会性。列宁在1920年5月在尼·布哈林《过渡时期经济学》一书上作的批注和评论中说道："对抗和矛盾完全不是一回事。在社会主义下，对抗将会消失，矛盾仍将存在。"[②]

矛盾与对抗是有区别的。矛盾有两种：一种矛盾是对抗矛盾；另一种矛盾是非对抗矛盾。对抗矛盾也是矛盾，矛盾不一定是对抗矛盾。资产阶级与无产阶级的矛盾是对抗矛盾，工人与农民之间也有矛盾，但是没有对抗矛盾了。对抗矛盾的特点在于对立的两方面之间必有强力的冲突，一方面要用强力来消灭另一方面。非对抗的矛盾的两方面之间没有强力的冲突，非对抗矛盾的解决在一方面改造另一方面。在社会主义下，对抗矛盾将会消失，矛盾仍将存在。因此，从认识理性具有社会性的角度，人们也可以看清列宁认识理性思想具有当代意义。

① 《列宁选集》第2卷，北京：人民出版社，2012年，第560页。

② 《列宁全集》第60卷，北京：人民出版社，2017年，第281—282页。

第四节　认识理性具有规律性

认识理性具有规律性。列宁在《谈谈辩证法问题》一文中说道："统一物之分为两个部分以及对它的矛盾着的部分的认识……是辩证法的实质（是辩证法的'本质'之一，是它的基本的特点或特征之一，甚至可说是它的基本的特点或特征）。"①

列宁在《谈谈辩证法问题》一文中接着说道："辩证法内容的这一方面的正确性必须由科学史来检验。对于辩证法的这一方面，通常（例如在普列汉诺夫那里）没有予以足够的注意：对立面的同一被当作实例的总和〔'例如种子'；'例如原始共产主义'。恩格斯也这样做过。但这是'为了通俗化'……〕，而不是当作认识的规律（以及客观世界的规律）。"

"在数学中，+和–，微分和积分。"

"在力学中，作用和反作用。"

"在物理学中，正电和负电。"

"在化学中，原子的化合和分解。"

"在社会科学中，阶级斗争。"

"对立面的同一（它们的'统一'，也许这样说更正确些？虽然同一和统一这两个术语的差别在这里并不特别重要。在一定意义上二者都是正确的），就是承认（发现）自然界的（也包

① 《列宁选集》第2卷，北京：人民出版社，2012年，第556页。

括精神的和社会的）一切现象和过程具有矛盾着的、相互排斥的、对立的倾向。要认识在‘自己运动’中、自生发展中和蓬勃生活中的世界一切过程，就要把这些过程当作对立面的统一来认识。发展是对立面的‘斗争’。”①

辩证法是世界的规律与人类认识的规律，绝不是实例的总和而已。如果把辩证法当作实例的总和看待，那便是把辩证法庸俗化了。因此，从认识理性具有规律性的角度，人们也可以看清列宁认识理性思想具有当代意义。

第五节　认识理性具有历史性

认识理性具有历史性。列宁在1914年11月写的《卡尔·马克思（传略和马克思主义概述）》一文中说道：“辩证法，按照马克思的理解，同样也根据黑格尔的看法，其本身包括现在称之为认识论的内容，这种认识论同样应当历史地观察自己的对象，研究并概括认识的起源和发展，从不知到知的转化。”②

认识本身是发展的，把认识看成永远不变的人，是没有看到认识实质的人。认识是人以历史的实践为媒介而对客观世界的能动反映。历史和逻辑是统一的。因此，从认识理性具

①《列宁选集》第2卷，北京：人民出版社，2012年，第556—557页。
②《列宁选集》第2卷，北京：人民出版社，2012年，第422页。

有历史性的角度，人们也可以看清列宁认识理性思想具有当代意义。

第六节　小　　结

马克思和恩格斯在写于1845年秋至1846年5月的《德意志意识形态》一书中说道："一切划时代的体系的真正的内容都是由于产生这些体系的那个时期的需要而形成起来的。所有这些体系都是以本国过去的整个发展为基础的，是以阶级关系的历史形式及其政治的、道德的、哲学的以及其他的后果为基础的。"[①]列宁认识理性思想，不是从天上掉下来的，也不是列宁头脑里所固有的，而是时代的产物，是人类认识理性思想发展的必然结果。从总体来看，列宁认识理性思想的形成，主要有两个条件：一是列宁认识理性思想产生的时代条件；二是列宁认识理性思想产生的理论前提。这两个条件共同汇集在列宁身上，使得列宁认识理性思想应运而生。没有前一个条件，列宁认识理性思想就丧失了时代需求和历史特色，丧失了它的无产阶级意识形态的本性；没有后一个条件，列宁认识理性思想也不会如此丰富、深刻，如此赢得世界性的意义。这两个条件，在列宁认识理性思想中，像经线和纬线一样，是相辅相成、紧密地交织在一起的，人们几乎无法机械地把它们分开。

① 《马克思恩格斯全集》第3卷，北京：人民出版社，1960年，第544页。

认识理性是有其特征的。认识理性是有其属于自己的规定的。所以，认识理性具有本质特征，具有本质规定。认识理性具有普遍本质。认识理性是由认识理性的特征所决定的。人们应该以整体的眼光看待认识理性。认识理性的过程性、辩证性、社会性、规律性、历史性有其原始的亦是内在的统一性。认识理性总有过程性、辩证性、社会性、规律性、历史性特质。认识理性本身是一个认知过程。认识理性是一个开放性的系统。因此，从认识理性具有过程性、辩证性、社会性、规律性、历史性的角度，人们可以看清列宁认识理性思想具有当代意义。

参考文献

1.《马克思恩格斯选集》第 1 卷，北京：人民出版社，2012 年。

2.《马克思恩格斯选集》第 2 卷，北京：人民出版社，2012 年。

3.《马克思恩格斯选集》第 3 卷，北京：人民出版社，2012 年。

4.《马克思恩格斯选集》第 4 卷，北京：人民出版社，2012 年。

5.《马克思恩格斯文集》第 1 卷，北京：人民出版社，2009 年。

6.《马克思恩格斯文集》第 8 卷，北京：人民出版社，2009 年。

7.《马克思恩格斯全集》第 3 卷，北京：人民出版社，1960 年。

8.《马克思恩格斯全集》第 3 卷，北京：人民出版社，2002 年。

9.《马克思恩格斯全集》第 26 卷，北京：人民出版社，2014 年。

10.《资本论》第 3 卷，北京：人民出版社，2004 年。

11.《列宁选集》第 2 卷，北京：人民出版社，2012 年。

12.《列宁选集》第 3 卷，北京：人民出版社，2012 年。

13.《列宁选集》第 4 卷，北京：人民出版社，2012 年。

14.《列宁全集》第 1 卷，北京：人民出版社，2013 年。

15.《列宁全集》第 55 卷，北京：人民出版社，2017 年。

16.《列宁全集》第 60 卷，北京：人民出版社，2017 年。

17.《毛泽东选集》第 1 卷，北京：人民出版社，1991 年。

18.《毛泽东选集》第 2 卷，北京：人民出版社，1991 年。

19.《诗经》。

20.《易经》。

21.《论语》。

22.（南朝梁）刘勰：《文心雕龙》。

23.（清）魏禧著，〔日〕桑原忱有终选，夏汉宁校勘：《魏叔子文选要　续魏叔子文粹》，南昌：江西人民出版社，2019 年。

24. 季羡林：《悼念忆：师友回忆录》，杭州：浙江人民出版社，2016 年。

25. 季羡林：《糖史》，北京：新世界出版社，2017 年。

26. 季羡林：《中国文化与东方文化》，北京：新世界出版社，2017 年。

27. 中国社会科学院语言研究所词典编辑室编：《现代汉语词典》第七版，北京：商务印书馆，2016 年。

28.〔奥〕西格蒙德・弗洛伊德：《人类精神捕手：弗洛伊德自传》，王思源译，北京：华文出版社，2018 年。

29.〔澳〕陆克文：《不畏：陆克文自传》，李巧燕、钱镜译，青岛：青岛出版社，2021 年。

30.〔德〕卡尔・雅斯贝尔斯：《什么是教育》，童可依译，北京：生活・读书・新知三联书店，2021 年。

31.〔法〕阿尔贝・加缪：《加缪手记》，黄馨慧译，杭州：浙江大学出版社，2019 年。

32.〔法〕埃克托尔·柏辽兹：《柏辽兹回忆录：狂飙之子与十九世纪西欧文艺》，冷杉、佟心平、徐艳译，北京：北京联合出版公司，2017 年。

33.〔法〕让-保罗·萨特：《文字生涯》，沈志明译，北京：人民文学出版社，1990 年。

34.〔古希腊〕柏拉图：《柏拉图文艺对话集》，朱光潜译；〔德〕爱克曼辑录：《歌德谈话录》，朱光潜译，北京：人民文学出版社，2015 年。

35.〔美〕爱德华·O. 威尔逊：《论人的本性》，胡婧译，北京：新华出版社，2015 年。

36.〔美〕爱德华·威尔逊：《大自然的猎人》，杨玉龄译，北京：中信出版社，2019 年。

37.〔美〕杰哈德·纽曼：《勇者不惧：杰哈德·纽曼》，张维等译，北京：中国文史出版社，2021 年。

38.〔美〕卡罗尔·德韦克：《终身成长》，楚祎楠译，南昌：江西人民出版社，2017 年。

39.〔美〕塔莎·杜朵著，〔美〕理杰德·布朗摄影：《塔莎的世界》，韩玲译，北京：九州出版社，2015 年。

40.〔美〕威尔·杜兰特：《哲学家》，刘军译，北京：中信出版社，2021 年。

41.〔美〕威尔·杜兰特：《追寻幸福》，赵宴群译，北京：中信出版社，2021 年。

42.〔瑞士〕皮亚杰：《发生认识论原理》，王宪钿等译，胡世襄等校，北京：商务印书馆，1981 年。

43.〔苏联〕尼·奥斯特洛夫斯基:《钢铁是怎样炼成的》，梅益译，北京：人民文学出版社，1995年。

44.〔西〕路易斯·布努埃尔:《我的最后叹息：电影大师布努埃尔回忆录》，傅郁辰、孙海清译，北京：商务印书馆，2018年。

45.〔意〕文森佐·费罗内:《启蒙观念史》，马涛、曾允译，北京：商务印书馆，2018年。

46.〔英〕达尔文:《达尔文回忆录》，毕黎译注，北京：商务印书馆，2015年。

47.〔英〕威廉·莎士比亚:《哈姆莱特：莎士比亚戏剧选》，朱生豪译，北京：人民文学出版社，2018年。

48.〔英〕伊恩·L. 麦克哈格:《生命·求索——麦克哈格自传》，马劲武译，北京：中国建筑工业出版社，2016年。

后　　记

改变是积极的东西。改变由此就为改变观研究确保了一个领域。一切完美的改变都契合于这一领域。因此就开启了一种充满希望的前景：终有一天，人是能够完美地改变的。人是有科学性的确信的。人的科学性的确信是人的精确性的确信。人的改变是有根据的。人必须追问的乃是人的改变的根据的真理。人首先必须理解的乃是：若人的改变没有积极因素，那么人的改变就不能存在。人的改变的真理在人的改变中是能够得到确定的。人的改变只有处在真理中，人才觉得人的改变是合理的。人需要知道：人的改变是如何发生的？人的改变是何时发生的？在人的改变之中，人始终有一种任务：把人的改变予以阐明并且在这种阐明中让人改变下去。恰恰是改变才让每一个人是其所是。人的改变乃是人的本源。人是在改变中寻求着人的充实。人的改变关涉于人。人始终是被改变所关涉的。改变对于人而言是不可或缺的。改变始终是多种多样的。这意味着：每次改变每每都是一次，并且作为这一次每每都是与另一次相对的这一次；因此每次改变也每每都是与这一次相对的另一次。人的改变是独一无二的。人的改变对于人而言具有其特别的含义。人的改变是有根基的。

本书为中国社会科学院哲学研究所创新工程项目成果。本书通过对改变是什么、改变为什么、改变办什么、改变史是什么、马克思主义经典作家改变观是什么的分析，历史和逻辑地展现改变观发端、演变、成熟和发展的理论轨迹，客观公正而又简洁明晰地评价改变观所建树的理论业绩。这对于人们理解改变观的实质是极为重要的。

高岸起

2022 年 8 月于北京